플라톤에서
비트겐슈타인까지

서양철학사 인식론적 해명

from Plato to Wittgenstein; A epistemological interpretation

조중걸 지음

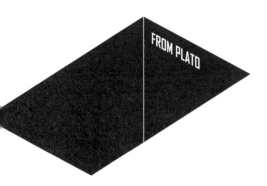

플라톤에서
비트겐슈타인까지

서양철학사 인식론적 해명
A epistemological interpretation

조중걸 지음

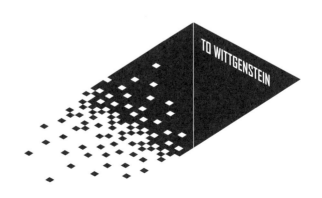

지혜정원

▪▪▪▪▪▪▪▪▪▪▪▪ 구성과 해체

철학의 정의가 혼란스러운 이유는 철학의 역할과 영역이 시대에 따라 달라져 왔기 때문이다. 현대에 이르러선, 철학을 독자적인 영역을 구축한 고유의 학문이라기보다는 하나의 활동이거나 심적 태도로까지 본다. 전통적으로 철학은 다섯 개의 영역을 가진다. 형이상학·윤리학·정치철학·논리학·미학. 여기에서 가장 궁극적인 중요성을 지니는 영역은 형이상학일 것이다. 형이상학이 제시되면 다른 영역들은 거기에 준하여 새롭게 정렬된다. 다른 영역은 이를테면 형이상학의 결과이다. 다른 영역은 형이상학이라는 나무에 달리는 열매가 된다. 그러므로 철학이 무엇인가를 안다는 것은 결국 형이상학이 무엇인가를 안다는 것과 같다.

고대와 중세의 철학은 '세계의 총체성에 대한 탐구'라고 정의될 수 있을 것이다. 그러나 순수 학문이라면 그것이 어떤 것이든 세계의 총체성에 대해 관심을 가지지 않을 수 없다. 자연과학은 전체로서의 물리적 세계에 대해 관심을 갖는다. 아리스토텔레스가 그의 물리학을 통해서 탐구한 것은 세계의 총체성이었다. 뉴턴이 세계의 연장extension과 운동movement에 대해 역학을 지렛대로 설명했을 때 물리학적 세계는 마침내 그 총체성을 드러냈다고 보편적으로 믿어졌다.

　　고대와 중세의 철학은, 물론 세계의 총체성에 대해 관심을 갖고 있었지만 그 본래적인 관심은 그 총체적인 세계가 어떻게 가능한가에 쏠려 있었다. 그러므로 그들의 철학은 다시 '세계의 총체성에 대한 형이상학적 탐구'라고 정의될 수 있다. 여기에서 형이상학은 물리적 존재로서의 세계를 존재하게끔 하는 제1원칙에 대한 탐구라고 말해질 수 있다.

　　엄청나게 크고 복잡한 건물은 전체적인 조망을 원하는 우리를 좌절시킨다. 자연과학은 때때로 이 건물의 설계도를 제시했다. 철학은 이 설계도의 작성자author, 즉 설계도를 가능하게 만든 그 이면의 원리와 존재를 탐구했다. 플라톤이 '이데아'로, 중세 신학자들이 '신'으로 이 설계도의 원인cause을 제시했을 때 그들은 세계에 대한 만족스런 해명을 할 수 있었다.

그러나 오컴이 이데아의 의미에 의심을 품었을 때 중세 사람들이 지녔던 확신은 붕괴되고 철학은 갑자기 인식론으로 방향을 틀게 된다. 중요한 것은 '우리가 무엇을 아는가?Que sais-je?'가 된다. 철학은 자연과학이 제시한 세계를 검증하기 시작한다. 즉, 자연과학이 제시한 설계도가 어떻게 얻어진 것인가에 대해 또 그 설계도가 '보편성'과 '당위성'을 지닌 것인가에 의심을 제기하기 시작했다.

근세와 현대철학은 다분히 '우리의 인식 능력과 그 한계에 대한 탐구'로 정의되어야 한다. 데이비드 흄의 철학은 데카르트와 뉴턴이 제시한 세계상의 선험적이고 보편적인 성격에 의문을 제기한다. 이때 이후로 철학은 세계에 대한 탐구로부터 우리에 대한 탐구로 후퇴하게 된다. 우리 시대를 물들이고 있는 실존주의와 회의주의와 분석철학은 사실상 자연과학의 법칙이 지닌 보편성이 흄에 의해 해체되었다는 사실과 뗄 수 없는 관계에 있다.

비트겐슈타인 철학의 가장 중요한 의의는 이렇게 해체된 세계상을 다시 한 번 구성하려는 그의 시도에 있다. 칸트는 흄의 폐허에서 과학을 구하기 위한 어려운 시도를 한다. 그러나 그의 선험적 감성들과 카테고리들은 곧 붕괴한다. 중요한 것은 과학에 보편성을 부여하려는 그의 시도에 있었다. 이 탐구의 통찰과 좌절은 우리에게 많은 것을 남겨 주었다. 칸트는 허상뿐인 야전 참호를 포기하고 상당히 후퇴하여 새롭고 견고한 요새를 구축하려 했다. 그러나 그곳도 안전한 곳은 아니었다. 더 많은 후퇴가 요구되었다.

비트겐슈타인은 우리의 언어로까지 후퇴한다. 세계는 결국 우리의 언어에 다름 아닌 것이다. 그리고 그는 칸트와 같은 양식의 질문을 한다. "세계에 대해 언급하는 것이 어떻게 가능한가?"

이 에세이의 목적은 인식론적 측면으로서 서양철학의 이해이다. 결국 현대철학의 기원은 흄이 인간의 인식 능력에 대한 의구심을 품는 순간부터이다. 그때 이후로 철학은 더 이상 과거와 같이 순진할 수는 없었다. 우리 자신에 대한 검증 없는 철학은 선결문제 해결의 오류가 되었다.

이 에세이에서는 플라톤에서 비트겐슈타인에 이르는 철학들이 인식론적 측면으로 다루어질 것이다. 그러므로 이 에세이는 비트겐슈타인 철학의 해제에 많은 비중을 놓는다. 그는 아마도 20세기의 가장 중요하고 영향력 있는 인식론적 철학자일 것이다. 문제는 그가 수수께끼를 좋아한다는 사실이다. 그는 친절하고자 하기보다는 간결하기를 더 원했던 것 같다. 이것이 그의 철학에 비의적 색채를 입힌다. 그러나 비트겐슈타인 자신도 오랜 서양철학의 전통 위에 있다는 사실을 우리는 인식해야 한다. 그의 철학에 대한 이해는 서양철학의 흐름에 대한 이해 위에 입각해야 한다. 그럴 경우 그의 철학은 쉽게 이해된다.

서양철학은 '구성과 해체를 되풀이'한다. 플라톤은 구축했고 소피스트들은 해체했다. 마찬가지로 중세의 실재론적 철학은 가우닐론과 로스켈리누스와 오컴 등에 의해 해체됐다. 우리는 어쩌면 깜박거리는 불이 밝아질 때 세계에 대한 통일적 통찰의 가능성을 느끼지만 언제든 그 등불은 곧 꺼진다고 느끼고 살고 있다.

무엇인가가 철학자의 눈에 스몄고 그는 자신이 가진 가능성 가운데에서 세계를 재구성한다. 그러나 모든 통합은 해체를 예고한다. 우리는 통합 속에서 행복할 수도 있고 해체된 세계의 덧없는 파편이 되어 고통 받을 수도 있다. 그러나 이것들은 철학자들에게는 중요하지 않았다. 그들은 어떤 희생도 진실에 상응하는 가치를 지닌다고는 생각하지 않았다.

철학의 이해와 학습에서 중요한 것은 철학도 결국 '시대와 세계관의 소산'이라는 사실을 우리가 먼저 알아야 한다는 것이다. 과학혁명과 거기에서 비롯된 자연법사상과 계몽주의에 대한 이해 없이는 흄과 칸트를 이해할 수 없다. 다른 모든 문화 구조물이 그러하듯 철학도 진공에서 존재하지 않는다. 어떤 시대의 철학은 동시대의 세계관의 형이상학적 표현일 뿐이다. 하나의 철학은 하나의 세계를 의미한다. 철학은 그러므로 우리 삶 위에 착륙한다. 우리 삶의 해명자로서의 철학이 아니라면 그것은 사실상 아무것도 아닌 것이다.

이 에세이는 우리 삶의 해명자로서의 철학에 중심을 두고 전개된다. 철학을 무의미하고 어렵게 만드는 것은 지적 허영에서 비롯된 현학이다. 그것이 철학에서 생명력을 앗아 가고 철학을 화석화한다. 소박하고 겸허하고 진실한 탐구, 우주와 삶에 대한 순수한 궁금증 — 이러한 것들이 통찰과 인식에의 길이 될 터이다.

from Plato to Wittgenstein

; A epistemological interpretation

차 례 ::::::::::::::::

비트겐슈타인 **171**

철학, 관념적 독단과
유물론적 회의주의 사이

철학은 관념적 독단과 유물론적 회의주의를 양 끝으로 하는 스펙트럼이다. 인간은 관념론자가 되거나 유물론자가 된다. 정신과 물질은 세계를 가르는 두 개의 궁극적 요소이기 때문이다. 정신을 근원적인 것으로 보면 사물은 정신으로부터 유출되는 것이 된다. 우리 정신 속의 관념(보편자, 개념, 이름, 보편관념, 명사)이 우선적이고 개별자 혹은 우리 감각적 대상들은 거기에서부터 기원 — 플라톤적으로는 전락, 플로티노스적으로는 유출, 데카르트적으로는 조응 — 된다는 것이 관념론의 요체이다. 이러한 세계는 관념들의 위계적 배치에 의해 구성되는 세계이고 이 위계적 질서의 가장 상위에 위치한 신이란 추상화의 궁극적인 대상 외에 아무것도 아닌 것이 된다. 그러므로 전형적인 신학은 관념론적일 수밖에 없다.

'독단'이란 용어에 독선, 아집, 편협 등의 선입견을 부여하지 않아야 한다. 여기서 말하는 독단은 도그마dogma를 의미한다. 그것은 데카르트식 정의로는 철학의 최초의 전제 — 명석하고 판명한 정신에 떠오르는 — 이고, 흄의 정의로는 수와 양에 관한 지식과 직접적인 경험적 지식 이외의 모든 지식을 의미하는 것이며, 칸트식 용어로는 정언명제를 말하는 것이다. '독단'을 이와 같이 정의할 때 모든 관념적 지식은 독단으로 이를 수밖에 없다. 우리의 감각경험과 동어반복 외에 어디에 독단이 아닌 지식이 있겠는가.

우리가 수학이라는 학문에 최고의 가치를 부여한다면 우리의 인식론적 태도는 관념적 독단을 최고의 지식으로 받아들인다는 것을 말한다. 수학은 경험에 대한 어떤 호소도 없이 진행되어 가는 순수사유의 세계이기 때문이다. 그러나 수학적 증명과 정리가 어떠한 엄밀성을 가진 것으로 보인다 해도 결국 그것들은 독단이다. 수학은 모든 증명 불가능한 전제를 자명selfevident한 것으로 보기 때문이다. '자명'이란 없다. 우리의 독단이 있을 뿐이다. 실재론적 관념론자인 플라톤과 합리론적 관념론자인 데카르트의 인식론적 태도가 수학을 모든 학문의 규범으로 놓는다는 점에서 일치하는 것은 결국 그들이 관념적 독단을 지식의 출발점으로 보기 때문이다.

하지만 놀랍게도 관념적이지 않은 신학이 존재한다. 어떤 신학자들은 신도 하나의 보편개념이라는 사실을 부정한다. 그들은 보편개념은 신을 규정하기에는, 다시 말하면 그 개념 안에 신을 집어넣기에는, 그 개념의 틀이 너무 협소하고 너무 딱딱하다고 생각한다. 신은 우리의 사유의 틀을 벗어난다. 신은 무한자이고 우리는 유한자이다. 어떻게 유한자의 유한한 사유가 무한자를 포착할 수 있겠는가. 이러한 사람들은 추상관념 자체에 의심의 눈초리를 보낸다. 그들은 추상관념이 사물에 실재해서 영혼의 세계에 속해 있다는 관념론자들의 주장을 우스운 환상으로 치부한다. 추상관념들은 개별자들에 대한 축적된 경험에서 나오는 것으로, 우리의 기억력이 거듭되는 경험으로부터 하나의 개념을 추상해 낼 때 그것이 보편개념이 된다고 이들은 주장한다. 추상관념에 대한 이러한 규정에 입각하게 되면 세

계는 갑자기 코페르니쿠스적 전회revolution를 하게 된다. 보편
자로부터 개별자가 나오는 것이 아니라 개별자로부터 보편자가
추출되는 것이다. 보편개념은 실재하는 것이 아니라 단지 우리
가 사물을 사유 속에서 쉽게 다루기 위한 하나의 명칭에 지나지
않게 된다. 이러한 인식론을 새롭게 도입한 철학자들이 보편개
념의 실재성을 부인한 것은 신의 존재를 부정한 것이 아니라 신
의 존재가 관념의 실재성에 달려 있다는 하나의 존재론을 부정
한 것이다. 실재론적 태도에 있어서의 신의 존재는 우리에게 내
재한 신에 대한 관념에 의해서이다. 그러나 새로운 신학에 있어
서의 신의 존재는 관념의 실재성에 있는 것이 아니라 신의 계시
에 의해서이다. 신은 지성적 포착의 대상이 아니다. 신은 영혼
의 문제이다. 이들의 철학은 신앙의 태도뿐만 아니라 지상적 삶
의 태도도 완전히 바꿔 놓는다. 이제 신과 인간을 매개하는 것
으로서의 지성이 붕괴됨에 따라 신은 멀고 먼 천상으로 올라가
고 지상세계는 인간에게 맡겨진 것이 된다. 인간의 지성은 개별
자에 대한 경험 없이는 불가능할 뿐만 아니라 그 유효한 적용도
단지 지상적인 것들에 대해서일 뿐이다. 이것이 '이중진리론the
doctrine of twofold truth'이다. 신의 진리와 인간의 진리는 다르다.
신은 천상에 있고 인간은 지상에 있다.

만약, 관념이 실재한다면 신도 하나의 관념일 뿐만 아니라 신과 인간을 포함한 모든 영역이 관념적 해명하에 놓이게 된다. 신에 대해 안다는 인간의 독단은 인간적 세계가 마땅히 신의 의지와 신의 세계의 대응물이어야 한다고 주장한다. "하늘에서 이루어진 것같이 땅에서도 이루어지리라"가 이들의 금언이 된다. 이러한 세계관이 '유비론the doctrine of analogy'이다. 인간의 세계는 신의 세계에 대한 유비여야 한다. 인간과 신 모두가 인간 스스로가 만들어 낸 관념에 갇힌다. 고딕시대에 가우닐론과 아벨라르 등의 논증에 의해 이 철학이 붕괴된 것이다. 그리하여 유명론자들이라고 이름 붙여진 일군의 신학자들이 새로운 신학을 도입했다. 신앙은 학습과 연구와 지성에 의한 것이 아니라 영혼을 통한 신과의 교감이 된다. 이것이 표현적이고 경련적이고 신비주의적인 신앙을 불러들인다. 모든 것들이 신비주의적 궤도하에서 천상을 향하게 된다. 고딕 건물 안에서 느껴지는 하늘로 상승하는 운동성은 아마도 이러한 신앙에 대한 예술적 대응일 것이다. 신학적 신비주의에 지상적 세속주의가 대응한다. 지상 세계는 인간에게 맡겨진 바가 되었다. 개별자와 감각적 경험이 유일하게 지상적 의미를 준다. 유명론은 인식론적 민주주의이다. 이것이 유물론과 감각주의와 세속주의를 불러들인다. 이제 신의 시대는 종말을 향해 간다.

이러한 세계관이 데카르트에 의해 '합리론적 관념론'으로 태동된다. 데카르트 철학사상은 지상세계의 해명을 인간 스스로의 자발적이고 독립적인 지성에 의존시킨다는 것에 의미가 있다. 인간 이성은 이 물질적 세계에 대응하여 생득적 관념을 지니고 있다. 만약 그것(인간 이성)이 명석하고 판명하게 작동되기만 한다면 그것은 그 안에 자연세계의 일반적 원리를 포착해 낼 수 있는 관념(생득개념)을 지니고 있다. 세계란 물질적 실체 이외에 아무것도 아니다. 우리 이성은 이 물질적 실체를 스스로의 이성으로 파악해 낼 수 있다. 그 물질적 실체는 존재론적으로는 하나의 공간성extension이고, 그 운동은 기계와 같은 규칙성의 원리를 지니고 있다. 이렇게 되어 근대가 시작된다.

근대는 휴머니즘과 더불어 시작하는 것이다. 그러나 이렇게 시작된 인간 이성에 대한 신뢰는 곧 의심스러운 불신으로 바뀌게 된다. 사실상 데카르트의 관념론은 적어도 인식론적 견지에서는 중세말의 유명론으로부터의 후퇴이다. 관념 자체가 의심을 받게 된다. 관념이 생득적이라고 주장하는 관념론자들에 대해 존 로크는 중세의 유명론자들과 입장을 같이한다. 관념의 기원은 우리 경험이라고 경험론자들은 말한다. 보통 사물이라고 말해지는 실체substance가 있다. 우리는 실체에 대한 경험을 통해 사물에 대한 관념을 형성한다. 관념은 존재한다. 그러나 그것이 생득적인 것은 아니다. 관념의 기원은 물질이고 우리가 그 관념을 얻게 되는 것은 물질에 대한 우리의 경험을 통해서이다. 이러한 철학이 유물론적 경험론이다. 철학의 스펙트럼에서 관념론이 유물론으로 전환하는 순간은 새로운 경험론에 의해서이다. 유물론적 경험론은 관념의 기원이 감각이라고 말하면서 감각의 대상으로서의 실체를 가정한다. 그러나 이러한 인식론적 입장은 곧 자기모순에 빠진다. 우리의 모든 인식의 기원이 경험, 곧 감각 인식부터라면 우리가 알 수 있는 것은 우리의 감각밖에는 없다. 감각이 실체를 자동으로 전제하지는 않는다. 우리가 보고 있는 것, 우리가 느끼고 있는 것은 우리의 감각의 다발 외에 아무것도 아니다. 이것이 유물론적 경험론의 일차적 문제이다. 그러나 이차적 문제가 더 큰 문제이다.

우리가 믿는 보편적이고 선험적이고 항구적인 자연과학적 법칙들은 경험을 바탕으로 한 귀납추론에 기초한 것이다. 문제는 귀납추론은 그 자체로서 선험적인 것이 아니라는 사실이다. 인간의 경험은 제한되는 것이기 때문이다. '해는 동쪽에서

뜬다'라는 언명은 확실히 과학적 언명이다. 우리는 이 법칙을 어떻게 알았는가? 우리의 누적된 경험으로부터이다. 그러나 우리는 내일의 태양과 모레의 태양을 경험한 것은 아니다.

유물론적 경험론은 상식적인 반론에 의해 간단히 붕괴된다. 이제 회의주의의 시대가 도래한다. 우리가 안다고 할 만한 것은 세계 어디에도 없다. 이 세계는 절대성과 의미를 상실하게 되고 이 안에서 인간은 꿈속에서와 같이 부유(浮游)하게 된다. 프란츠 카프카의 소설과 실존주의자들의 철학, 추상적인 현대 예술은 모두 이러한 회의주의와 불가지론을 반영하고 있다. 신으로부터 비롯된 독단적인 관념의 시대로부터 합리론적 관념론과 유물론적 경험론을 거쳐 유물론적 회의주의에 이르는 하나의 패턴이 형성된다. 철학사는 이러한 스펙트럼을 반복해서 보여 왔다.

구석기 시대는 유물론적 경험론의 시대였던 것으로 추정된다. 유물론적 경험론의 시대는 계몽적인 시대이며 자연과학적인 시대이다. 인간은 신을 믿거나 자기 자신을 믿거나 아무것도 믿지 않거나이다. 자연과학은 자기 자신을 믿을 때 융성하게 된다. 스스로의 독립적인 이성과 경험이 세계를 이해할 수 있는 과학적 법칙을 찾아낼 수 있다는 자신감에서, 다시 말하면 인간 스스로의 역량과 경험을 넘어서는 어떠한 압제와 독단도 거부한다는 심적 태도하에서 자연과학은 발달하게 된다. 구석기적 자신감은 궁극적으로 붕괴한다. 이 과정은 아마도 근세의 자연과학에 대한 신념이 데이비드 흄의 인식론적 공격하에서 붕괴되는 것과 비슷한 과정을 밟았을 것이다. 구석기 시대의 종말은 현재의 우리 시대와 비슷했을 것으로 추정된다. 좌절과 절망 가운데서 잠정적인 감각적 세계만이 유일한 세계인.

신석기 시대는 새로운 독단의 시대이다. 신석기 시대를 물들인 애니미즘은 그들이 신앙이라는 새로운 독단을 받아들였다는 사실을 말한다. 회의주의와 불가지론 가운데 끝없이 표류한다는 것은 비극적인 세계관이다. '차라리 겨울이 따스하듯이' 그들은 독단 가운데서 위안을 구했을 것이다. 이러한 독단의 시대는 이집트 시대까지 이어진다.

유물론으로의 전환은 그리스 시대에 발생한다. 그리스의 소피스트들은 관념적인 플라톤과 아리스토텔레스를 밀어낸다. 결국 그리스는 유물론적 경험론의 세계와 유물론적 회의주의의 시대를 차례로 거치게 된다. 이러한 회의주의적 경향은 로마제국에서도 계속된다. 기독교가 발생했을 때, 그들은 기독교의 종교적 독단에 몸을 맡겼다. 제국 내의 수많은 종교중 기독교만이 세계종교가 될 만한 요건을 갖추고 있었다. 아우구스티누스를 비롯한 초기 교부들은 그들의 신앙에 플라톤과 아리스토텔레스에 의해 기술되어진 그리스 철학의 옷을 입혔다. 기독교가 미신적인 유아기를 벗어난 것은 그리스 철학에 의해서였다.

이 이후 전개된 상황은 앞서 말한 바와 같다. 이러한 패턴에 입각하면 우리 시대는 어떠한 종류의 독단에 돌입하게 될 것 같다. 비트겐슈타인의 철학은 회의주의 시대에 우리의 지식은 어떠한 것이 되어야 하는가를 보인다. 그에 따르면 경험적 검증이 가능한 명제의 집합이 우리의 지식체계인 것이다. 인간은 명제라는 새장에 갇혀 있다. 우리 삶의 어떤 가치나 절대 — 다시 말하면 독단 — 를 도입하려는 시도는 결국 새장에 부딪히게 된다고 그는 말한다. 그러나 이러한 세계는 견딜 수 없는 세계이다. 절대적 가치가 끼어들 여지가 없는 시대에 그것을 끌어들이는 시도가 거짓 예언적 시도라고 한다면 영원히 새장 속에 사는 삶은 거짓 예언의 세계보다 나은 세계인가?

일러두기: 내용 중의 용어는 모두 그 용어가 기원한 시대와 지방어에 입각해 쓰였다.

먼 과거

플라톤
소피스트들

I
플라톤
Plato

존재론

플라톤Plato*이 구축한 세계는 투명하고 정적인 것이었다. 그의 세계는 수학적 세계였다. 그것은 차갑고 귀족적이고 추상적인 종류였다. 그의 철학적 세계 안에 감각과 경험을 위한 자리는 없었다. 우리의 일상적이고 다채로운 물질 ─ 아리스토텔레스가 질료라고 말하는바 ─ 은 그에게 존재하지 않아도 될 세계였다. 그의 이데아Idea들은 천상적인 것이었고 지상의 모든 것들은 그것들의 타락한 잔류물에 지나지 않았다. 태초에 말씀

---

*플라톤(B.C. 428∼348): 그리스 철학자. 그는 참된 지식(이데아에 대한 지식)을 실제 생활에서도 실천하고 모든 사회 정치적인 문제들을 선의 이데아에 맞추려 했다. 그는 또한 이데아를 존재자의 본질이라 하여 자신의 존재론의 기초로 삼았으며, 개별적이고 감각적인 대상들은 이로부터 유출된 불완전한 존재로 보았다.

이 있듯이 태초에 이데아들이 있었고 이것들은 이를테면 추상화된 보편자들이었다. 이 이데아들은 위계적으로 존재한다. 유클리드 기하학의 경우, 가장 근원적인 데에 다섯 개의 공리와 다섯 개의 공준이 존재하고 거기서부터 차례로 기하학적 정리들이 유출된다. 플라톤의 세계도 이와 같다. 가장 높은 곳에 가장 고귀하고 추상화된 이데아가 존재하고 그 아래로 차례로 하위 이데아들이 존재하게 되는 세계였다.

　　이것은 생물학자 린네의 생물 계통도와 비슷한 것이었다. 가장 높은 곳에 존재가 있고 그 아래에 식물과 동물과 무생물이 있고 각각의 계통 아래에서 차례로 하위 그룹들이 분기해 나가듯이 플라톤의 이데아의 세계는 철저히 위계적인 것이었다. 지상세계는 이데아의 세계에 대한 희구에 의해 존재하게 된다. 지상세계는 기껏해야 천상세계에 대한 유비적analogous 세계이다.

　　물리학적 탐구의 주제는 결국 연장extension과 운동movement이다. 고대세계는 이것을 존재being와 변화change라고 말했다. 고대세계가 변화보다 존재를 훨씬 중요하게 생각한 것은 이데아에 의해 구축된 이 세계가 정적인 것이었기 때문이다. 플라톤과 아리스토텔레스는 고고하고 완벽하게 존재하는,

그렇기 때문에 더 이상 운동을 해야 할 필요가 없는 견고한 세계를 원했다. 고대세계가 변화에 대해 부정적이었던 것은 이것이 이유였다. 그들은 변화를 겪고 있는 어떤 대상에 대해, 그 대상이 개선되기 위한 어떤 운동을 하고 있다고 생각하기보다는 그것이 내재적으로 운동이 요구될 만큼 불완전한 존재이기 때문이라고 생각했다. 아리스토텔레스가 많은 철학자를 술 취했다고 말하지만 파르메니데스는 제정신이라고 말한 동기는 엘레아 학파만이 세계의 고정성과 무변화에 대해 말하기 때문이다.

하늘로 던져진 돌이 운동을 하는 이유는 그들이 위치의 이데아인 지상을 벗어난 불완전한 위치의 이데아를 가졌기 때문이었다. 어린아이가 변화 도상에 있는 것은 그의 이데아인 청장년이 아니기 때문이다. 청장년이 선행해서 존재한다. 청년이 아이의 현실태이다. 어린아이는 청장년을 벗어난 상태에 있을 뿐이다.

이러한 식으로 플라톤의 세계는 철저히 존재론적인 것이었다. 여기에서는 어떠한 변화도 다채로움도 없다. 전형과 규범과 정지만이 있을 뿐이다. 고전적classicus이라는 용어 자체가 그리스적이라는 의미와 동시에 규범적이라는 의미를 지니고 있는 것은 이러한 까닭이다. 그리스의 조각에서는 어린아이가 중심인물로 부각되지 않는다. 언제나 가장 이상적인 청년과 이상적인 처녀가 있을 뿐이다. 아름답고 전형적인 청장년이 무한한 시간에도 불구하고 영원히 고정되어 존재할 것 같은 표정으로 있을 뿐이다.

인식론

플라톤의 업적은 그의 존재론에 있어서보다는 인식론에 있어서 훨씬 더 크다. 그의 이데아는 인식론적 견지에서 보자면 개념concept이고 보편자universalium이고 이름nomen이고 명사이다. 그리고 이것은 동시에 추상화된 인식적 도구이다. 우리의 사유는 개념을 따라간다. 우리는 크기, 모양에 상관없이 다양한 해바라기 꽃을 보고는 해바라기 꽃이라는 개념을 추출하고, 여러 종류의 꽃으로부터 꽃이라는 추상개념을 추출한다.

　　　인간을 여러 가지로 정의한다고 해도 '추상개념을 형성하는 동물'이라는 정의에는 미치지 못한다. 많은 동물들이 언어를 가진다. 그러나 인간만이 개별자를 벗어난 개념적 언어를 가진다. 우리의 문명은 추상개념 위에 기초한다. 우리의 의학책은 누군가의 개별적 위장에 대해서보다는 위장 일반에 대해 말하고 물리 교과서는 특정한 행성에 대해서보다는 행성 일반에 대해 말한다.

　　가장 중요한 품사는 '명사'이다. 다른 품사들은 명사의 양태나 운동을 보여 주기 위한 보조 도구에 지나지 않는다. 가장 이상적인 문장은 명사만으로 이루어진 문장이다. 얼치기 문학가와 학자들이 형용사와 부사가 덕지덕지 붙은 감상적이고 끈적거리는 글을 좋아할 뿐이다. 명사 이외의 품사는 필요악이다. '간결이 지혜의 요체'라면 간결의 대상은 명사이다. 이러한 보통명사를 인식과 존재의 근원적 기호로 파악한 플라톤은 서양 2천 년의 철학사를 주석으로 달고 있는 진정한 철학자가 될 수 있었다.

　　결국 철학사는 이러한 인식론적 도구로서의 이데아의 본질을 싸고도는 문제이다. 플라톤에게 있어 이데아는 박진적인 세계verisimilitude였다. 그에게 개념은 단지 우리 추상화의 결과만은 아니었다. 오히려 그 보편개념들이 선행해서 존재했고 우리의 감각과 경험은 이 보편개념들을 포착하는 데에 있어 방해되는 정념들과 맺어져 있다. 그에게 있어 지혜라는 것은 마음속에 순수한 보편자를 새길 수 있는 능력이었다. 여러 종류의 꽃에 대한 우리의 감각적 경험은 '꽃'이라는 보편개념을 보는 것을 오히려 방해하는 미망이고 혼란이었다.

그가 수학을 인간 정신활동의 가장 고귀한 영역으로 바라본 까닭은 이것이었다. 수학은 그의 생각으로는, 우리의 어떤 감각적 경험에도 호소할 필요가 없는 순수한 사유와 개념의 세계였고, 천상적인 탐구 대상이었고, 고귀하고 냉엄하고 귀족적인 세계였다. 지상의 삼각형 형태에 대한 경험으로부터 삼각형이라는 개념이 형성될 수 있다는 것은 그의 머리에 떠오르지 않았다. 지상의 삼각형들은 천상의 삼각형에 대한 모방이고 희구이며 참여일 뿐이었다.

우리 머릿속에 추상개념의 흔적이 있는 것은 이미 천상세계에 추상개념이 하나의 원형prototype으로서 존재한다는 것을 의미했다. 우리는 살아간다는 미망에 의해 이 원형을 잃게 되지만 우리가 영혼 속에서 정념을 배제하고 지혜(이성)만을 정련한다면 여기에 다가갈 수 있는 것이었다. 많이 인용되는 그의 동굴의 비유도 결국 이것을 말한다. 우리는 사슬에 묶인 채로 벽에 비친 그림자만을 보고 산다. 플라톤은 우리가 일상에서 부딪치는 개별자들을 그림자로 처리한다. 그는 사슬을 끊고 동굴에서 나와 태양 아래서 사물들을 보기 권한다. 즉, 각각의 사슬을 끊고 순수한 이데아만을 바라보아야 하는 것이 좋은 삶의 조

건이었다. 그림자가 인간 조건이라는 생각은 그에게 떠오르지
않았다.

실재론

이러한 종류의 인식론을 실재론이라고 부른다. 그렇지만 플라
톤의 철학을 실재론의 한 전형으로 보는 것은 사실을 정확히 보
는 것은 아니다. 오히려 그가 실재론적 인식론을 만들었다고 해
야 올바른 것이 된다. 아테네인들이 많은 것들을 최초로 만들
어 냈듯이 플라톤은 실재론을 만들어 냈다. 실재론realismus을
가장 간략하게 정의하면 그것은 '보편자(개념)가 실재한다'가 된
다. 현대철학의 입장에서 바라보았을 때 터무니없어 보이는 이
러한 세계관을 소크라테스와 그 제자들은 굳건히 믿고 있었다.
심지어 소크라테스는 이 이념의 수호를 위해 죽음까지도 불사
한다.

　　실재론은 정치적 귀족주의에 대응한다. 학문과 사유에
있어 우월하며, 초연하고 냉정하고 정적인 삶이 가능한 귀족들,
실제적인 삶 속에 있기보다는 관조하고 조직하는 삶을 살게 되
는 귀족들에게 이 실재론적 세계는 호소력 있는 세계이다. 그

러나 일상적 삶 속에 있으며, 시시각각 개별자들과 접촉해야 하고, 사유와 학문을 위한 역량과 여유가 모두 부족한 일반적인 평민들은 이러한 세계관에 호의적이지 않다. 더구나 이 실재론적 세계는 세계를 위계질서 속에 고정시키고자 한다. 보편개념이 고정된 실재를 그 이면에 가지듯이 귀족이라는 보편개념은 고정된 귀족계급을 가정하는 것이다.

소크라테스의 죽음은 무지몽매한 사람들이 한 고귀한 철학자를 살해한 사건이 아니다. 그는 아테네의 법이 정해 놓은 절차에 의해 사형을 당했다. 즉, 철저히 입헌적 절차에 의한 것이었다. 그것은 횡포가 아니었다. 오히려 정치적 파당 싸움에서 승자가 있고 패자가 있게 된 사건이었다. 그는 귀족주의자로서 민주주의자들에 의해 죽음을 당한 것이다.

플라톤과 아리스토텔레스의 인식론적 차이가 그 동질성보다 훨씬 많이 강조되어 왔다. 그러나 아테네만이 문명사회의 전부가 아니듯이 실재론만이 철학적 인식론의 전부가 아니다. 아리스토텔레스 역시도 실재론자였다. 그는 단지 그 '실재'가 '개별자 안에 존재'한다Universalia sunt realia in rem고 주장한 점에 있어 실재를 천상에 독립시킨 플라톤과 다를 뿐이다. 그러나 보편자들의 실재를 인정하지 않는 다른 하나의 철학적 흐름이 있었다는 사실에 비추어 보면 결국 플라톤에 대한 아리스토텔레스의 공격에도 불구하고 그 둘은 전형적인 귀족적 실재론자들이었다.

　실재론자들의 인식론 중 가장 중요한 점은 인간의 인식 능력중 이성만을 근본적이고 궁극적인 것으로 간주한다는 것이다. 그들은 '감각을 필요악'으로 생각한다. 그것은 일상적 삶을 살아가기 위해 어쩔 수 없이 존재해야 하는 것이지만 혼란스럽고 오류에 노출되어 있는 것이다. 그들은 건물에서 중요한 것은 골조이기 때문에 그것만 제시하면 건물은 저절로 지어진다고 생각한다. 금화를 손에 쥐면 잔돈푼은 저절로 떨어진다고 생각하듯이. 그러나 금화 자체가 애써 모은 잔돈푼의 결과물이라는 생각은 들지 않았다. 즉, 우리의 추상개념이 자잘한 일상적 경험으로부터 추출된 것이라고는 그들은 생각하지 않았다. 그들은 추상개념을 사유하고, 그 개념들의 연쇄에 의해 추론해 나가는 것이 인간 능력 중 가장 소중한 것이라고 생각했고, 이것을 담당하는 인간 능력을 이성이라고 불렀다.

II
소피스트들
Sophists

소피스트들 중 누구도 스스로 저작을 남기지 않았다. 우리는 그들에 관한 이야기를 플라톤을 통해서 들을 뿐이다. 소피스트들에 대한 부정적 시각은 아마도 그들의 철학적 적수에 의해 그들이 소개되었기 때문일 것이다. 칼리클레스나 트라시마쿠스나 테아이테토스 등 플라톤의 대화록에 소개되는 소피스트들은 최초의 유명론자이며 최초의 실증주의자로 보인다. 그들을 단순한 궤변론자로 취급한다면 큰 오류를 범하는 것이다. 그들은 인본주의적 계몽주의자들이었고 최초의 해체주의자들이었다. 중세의 오컴과 근대의 흄과 경험비판론자를 거쳐 현대의 비트겐슈타인에 이르는 철학의 다른 하나의 흐름이 이미 이때 시작되었다. 물론 유명론이나 실증주의 등이 모두 이 당시에 붙여진 이름은 아니다. 이러한 개념에 대한 정립과 그 정립에 따르는 세계관의 대비는 그 후로도 1,500여 년 이상 지나서의 이야기일 뿐이다.

유명론은 플라톤의 이데아, 즉 보편개념들universalia을 한낱 '이름'으로 치부하는 인식론의 중요한 흐름이다. 유명론자들은 개념의 실재성을 부정한다. 우리의 인식적 소여는 오로지 감각뿐인 것으로 우리의 개념들은 거듭된 감각적 경험에 의해 서서히 우리 마음속에 각인된 '습관'이며 '상상'인 것이었다. 그들에게 박진감 있고 신뢰할 수 있는 유일한 인식 수단은 감각일 뿐이다. 그러므로 우리가 보편개념으로 알고 있는 이데아들은 본래 존재하는 것이 아니라 단지 우리가 사물을 쉽게 다루기 위한 이름에 지나지 않는 것이고 인식상의 편의에 지나지 않을 뿐이다.

물론 우리의 감각 역시도 때때로 우리를 기만하며 또 그것 자체로서 상대주의적인 성격의 것이다. 그들은 당당하게 말한다. 삶과 판단이란 본래 상대적인 것이라고. 정의는 강자의 이익이고 인간이 만물의 척도라고. 이들은 당연히 보편개념보다는 개별적인 사물이 더 중요하다고 생각한다. 자기에게 직접 닿는 사물들만이 의미와 신뢰를 지니며 그것들만이 일상적인 삶 속에서 호소력을 가진다.

이들이 최초의 경험론자empiricist 들이다. 이들이 중세의 유명론자들과 근세의 영국 경험론자들과 현대의 분석철학과 언어철학의 최초의 예증이다. 이들은 모두 평민 출신의 지식인들이었다. 귀족 출신의 지식인들이 고귀한 철학자가 될 수 있었던 반면에 이들은 아마도 최초의 잉여적인 인텔리겐치아였을 것이다. 그들에게 지식은 물질적 생산성을 가져야 했다. 생계를 유지할 다른 수단이 없었기 때문이다. 플라톤은 그들이 돈을 받고 지식을 판다고 비난한다. 그러나 소피스트들은 팔 수 있는 다른 것이 없었다. 플라톤은 물질적 생존의 근본적 조건이 교환이라는 사실을 몰랐다. 귀족들은 토지의 사용권을 팔 수 있었다. 소피스트들은 자산을 지니지 못한 사람들이었고 지식이 그들이 가진 유일하게 판매 가능한 것이었다.

소피스트들은 지식의 절대성이나 세계의 고정성을 부정했다. 유일하게 생생한 것은 사물에 직접 닿는 감각이었다. 반면에 그것들로부터 추상된 개념이나 또 그 추상 과정을 행한다고 믿어지는 인간의 이성은 의심스러운 것이었다. 이들은 플라톤이 구성한 세계의 정합적 총체성을 해체한다. 세계는 질서 잡힌 것도 아니고 보편적이고 항구적인 의미를 지니는 것도 아니다. 모든 것은 우연이고 제멋대로이다.

아테네는 정치권력의 대중으로의 이동이라는 민주주의적 경향을 가차 없이 밀고 나가고 이 소피스트들이 궁극적인 승리를 거둔다. 이들은 소크라테스를 사형시키고 플라톤과 아리스토텔레스가 생명의 위협을 느낄 정도의 공포스러운 반(反)귀족적 분위기를 조성한다.

아테네 사회가 플라톤과 아리스토텔레스의 이념에 의해 주로 지배받았다고 생각한다면 그것은 완전히 잘못된 판단이다. 소피스트들은 자신들의 이야기와 관련된 저작을 남기지 않았다. 우리는 플라톤과 아리스토텔레스만을 통해 아테네 사회를 들여다보게 된다. 그러나 아테네는 플라톤적인 동시에 소피스트적이었다.

이제 아테네 사회는 철학적 회의주의와 정치적 기회주의가 지배적이 된다. 철학적 유명론의 귀결은 지성과 교양과 균형의 폐기이다. 모든 사람이 자신의 발언권을 가질 수 있게 된다. 말하지 말아야 할 정도의 무식하고 무능한 사람들도 모두 말할 수 있게 되었다.

보편논쟁

아우구스티누스와 토마스 아퀴나스
로스켈리누스와 오컴
이중진리론과 종교개혁

I
아우구스티누스와 토마스 아퀴나스
Augustinus & Thomas Aquinas

유물론

아우구스티누스Augustinus*에 의해 중세철학은 시작된다. 그는 소위 조명설Illusionism을 통해 인식론적 회의주의를 거부한다. 조명설에 입각하면 인간의 영혼은 불변의 진리 및 지혜를 지니고 있다. 즉, 아우구스티누스는 플라톤과 마찬가지로 이미 우리의 이성이 보편자를 볼 수 있다고 주장한다. 외부로부터 우리의 감각기관에 닥쳐드는 모든 것은 우리 내부의 진리를 불러 깨우는 자극에 지나지 않는다. 이러한 감각적 인식이 우리 영혼을 점령하는 것이 아니라 오히려 영혼의 활동을 통해 그것들이 인

---

*아우렐리우스 아우구스티누스(354~430): 대표적인 교부철학자. 중세의 신학과 철학에 커다란 영향을 미쳤다. 그는 감각 인식은 영혼의 활동에 의해서만 의미를 가지며, 영혼은 신의 진리가 빛을 비추어야 의미 있는 인식 도구가 된다는 견해를 편다.

식된다. 여기까지는 완전히 플라톤적이다.

아우구스티누스는 하나를 더한다. 우리의 영혼, 특히 그 중에서도 이성은 신의 진리가 빛을 비추어야 그 기능을 행하게 된다는 것이다. 그의 유명한 금언, "영혼은 곧 눈이고, 신은 곧 빛이라"라는 것이 인식론과 관련하여 의미를 지니는 것은 결국 영혼이 사물을 초월한 보편개념을 볼 수 있다는 주장이기 때문이다. 아우구스티누스는 보편개념의 존재와 그 근본성, 그리고 그것을 포착할 수 있는 이성의 우월성을 주장한다는 점에 있어 플라톤과 동일한 인식론적 견해를 가진다. 단지 그는 기독교 호교론자로서 이 모든 것을 신의 전제하에 둘 뿐이다. 여기에서 신의 존재론적 증명까지는 한걸음이다. 우리가 품는 보편자가 실재성을 가진다면, 신에 대한 관념이 우리 정신상에 존재한다는 사실로부터 신이 존재한다는 가설이 곧장 도출된다. 아우구스티누스는 신의 은총에 힘입은 플라톤주의를 다시 도입함에 의해 당시의 회의주의를 일소하고 다시 한 번 통합적 세계를 제시한다. 새롭게 통합된 세계 역시 실재론에 의한 것이었다.

아리스토텔레스의 부활

본래 귀족적인 철학에 일말의 민주주의적 관용을 가한 것이 아리스토텔레스의 철학이었다. 평민으로부터 성장해 나가는 새로운 중산층은 귀족계급에 대하여 적대적이었으며 아테네 사회는 심각한 분열에 직면해 있었다. 아리스토텔레스의 철학은 변화해 나가는 사회의 조정과 균형을 위한 것이었다. 그렇다 해도 아리스토텔레스 역시 실재론자였다. 실재를 개별자에 내재한 것으로 보든 그렇지 않든 일단 실재의 존재를 인정한다는 점에 있어 그는 근본적으로는 실재론자였으며 귀족주의자였다.

13세기에 이르러 아우구스티누스의 신학과 봉건사회는 심각한 위협에 처하여 있었다. 먼저 새로운 소피스트들이라 할 만한 유명론자들의 이념이 고개를 들기 시작했고, 도시의 성장에 의한 새로운 상공인이 대두하기 시작했다. 기존의 실재론은 어쨌든 수정이 필요했고 이러한 세계관은 역시 동일한 세계에 처하여 있었던 아리스토텔레스의 부활을 불렀다. 토마스 아퀴나스Thomas Aquinas*의 철학은 아리스토텔레스의 철학에 신학

---

*토마스 아퀴나스(1225~1274): 토마스주의(Thomism)의 창시자. 이중진리론에 대항하여, 아리스토텔레스를 기초로 하여 신학을 집대성한다. 그는 아리스토텔레스의 가능태와 현실태의 이론을 이용하여 신을 순수 현실태(actus purus)라 규정한다. 가능태가 현실태를 지향하듯, 모든 존재는 신을 지향한다.

을 덧입힌 것이다. 토마스 아퀴나스 역시 존재뿐만 아니라 변화에 대해서도 무엇인가를 설명해야 할 필요를 느낀 점에 있어서 아리스토텔레스의 입장을 공유한다. 실재론의 가장 궁극적인 모습은 변화를 인정하지 않는다는 것이다. 플라톤은 변화를 외면한다. 아리스토텔레스는 변화에 부정적이긴 했지만 그것을 설명한다. 마찬가지로 토마스 아퀴나스도 변화에 대한 설명을 한다.

토마스 아퀴나스도 아리스토텔레스와 마찬가지로 가능태와 현실태를 기반으로 변화를 설명한다. 존재는 현실적이거나 가능적이다. 그는 완전성에 이르고자 하는 존재를 가능태 potentia 라고 하고, 그 자신 이미 완전하며 존재를 완전성에 이르게 하기 위해 존재를 변화시키는 것을 현실태actus 라고 정의한다. 이 경우 어떠한 현실태도 없이 작용을 받아들이기만 하는 순수 가능태가 가장 하위에 위치하고, 순수하며 어떠한 가능태도 지닐 필요가 없는 순수 현실태actus purus, 곧 신이 가장 상위에 위치한다. 모든 가능태는 현실태를 지향한다. 문제는 이러한 운동은 자신의 불완전성을 보이고 있다는 것이다. 자신 안에 숨겨진 현실태를 완전히 구현함에 의해서만 그것은 완전성을 획득한다.

모든 존재는 자신 안에 현실태에 해당되는 형상과 가능태에 해당되는 질료를 가진다. 사물의 위계는 형상과 질료의 비율에 따라 정해지게 된다. 가장 하위에 존재하는 것은 무기물계이며 여기서부터 생물계, 인간을 거쳐 신에 이른다. 낮은 단계의 존재는 높은 단계의 존재를 위해 존재한다.

토마스 아퀴나스의 인식론 역시 인간의 이성이 보편자를 매개로 세계를 인식할 수 있다는 것을 주장한다. 인식 작용에서 인식하는 주관(이성)은 인식 대상과 하나가 된다. 인식되는 대상의 상(보편자, 개념)이 주관 속에 나타나며 이성은 이 상을 통해 대상을 인식한다. 물론 여기에 토마스 아퀴나스는 그의 신앙을 덧입힌다. 인간의 이성이 세계를 참되게 인식할 수 있는 근거는 세계 및 이성이 신적인 존재에 참여하기 때문이다. 신이 개입하여 보편자의 존재와 그 보편자에 대한 우리의 인식을 보증해 준다.

소피스트들이 보편개념의 존재를 의심하고 또 그것을 보는 인간 능력을 의심했을 때 세계에는 어떤 절대성도 필연성도 없어진다. 그들의 인식론하에서는 인간의 모든 인식은 결국 인간의 모습을 한 인간 고유의 것일 뿐이었다. 이 경우 세계의 문은 닫히게 되고 가치와 의미를 향하는 인간의 요구는 새장에 갇히게 된다. 절대성과 가치는 세계 밖에서 주어지게 된다. 이제 세계의 문은 닫혔다. 우리는 때때로 의미를 도입한다. 그러나 그 의미는 어떠한 것이든지 우리의 경험을 벗어나게 된다. 신앙과 도덕과 가치의 문제는 결국 인간의 삶과는 무관해지는 것이다.

고대세계는 순진하게도 보편개념의 실재성을 근거 없이 믿었다. 소피스트들이 이러한 독단을 분쇄했을 때 회의주의와 비관주의가 아테네와 로마제국을 물들였다. 그러나 세계는 신앙에 힘입어 또 다시 통합적 세계를 구성했다. 이것 역시 독단인 것으로 드러났을 때 세계는 장차 또다시 절망에 빠지게 될 것이었다. '독단 위에서 행복하든지 경험과 사실 위에서 허무주의에 빠지든지'였다. 제3의 길은 없는 듯이 보였다.

II
로스켈리누스와 오컴
Roscellinus & Ockham

보편자

보편자universalia의 성격을 결정하는 문제는 철학뿐만 아니라 정치와 사회와 세계관과 관련되어 있다. 중세의 유명론은 그 일반적 의미에 있어서 스콜라철학의 주류인 실재론realismus에 반대하는 새로운 철학적 조류를 가리키는 것이긴 하다. 그러나 이 주제는 단지 이 시대의 문제일 뿐만 아니라 철학사 전체, 더 크게는 역사 전체의 흐름과 굴곡과 관련되어 있다. 심지어 유명론은 세계를 가른다. 유명론 이전과 유명론 이후로.

소피스트들이 고대 그리스의 진보 세력이었던 것처럼 유명론자들은 중세 철학의 진보적 철학자들이었다. 민족 이동기 이후에 성립된 중세 봉건사회는 이제 치안의 확립과 도시의 성장에 의해 사회적 역할과 수명이 다해 가고 있었다. 상공업의 부흥과 물질적 풍요는 언제나 보편자보다는 개별자의 관심을 유도한다. 유명론은 이러한 시대의 새로운 세계관의 대두와 관련되어 있다.

보편자(이데아, 개념)와 관련하여 그들은 다음과 같이 주장한다. 첫째, 그들은 보편자의 실재성을 부정한다. 둘째, 실재하는 것은 오로지 구체적인 사물들, 즉 감각 인식의 직접 대상인 '개별자'뿐이라고 주장한다. 셋째, 실재론자들이 "보편자는 참된 실재로서 개별적 사물들에 '앞서' 존재한다Universalia sunt realia ante rem"라고 주장하는 데에 반해 유명론자들은 "보편자는 단지 이름(기호)으로서 사물들 '뒤'에 있다Universalia sunt nomina post rem"라고 주장한다.

비아 모데르나 Via Moderna

로스켈리누스는 보편개념은 그 자체로는 아무것도 나타내주는 바가 없는 한낱 언표된 낱말에 불과하다고 말하고, 윌리엄 오컴 William of Ockham*은 보편자란 사유 속에서 구체적 사물 대신에 나타나는 개념concept, 용어term, 기호sign라고 말한다. 결국 유명론자들은, 보편자들은 학문과 사유의 도구일 뿐으로 개개 사물particulars이 지닌 생생함과 확실성을 결하고 있다고 주장한다.

　이들이 개별자 곧 구체적인 감각 대상을 강조하고 거기에만 실재성을 부여한 것은 유명론의 결정적인 새로움이자 이후 시대의 철학과 세계관에 엄청난 영향을 끼친 측면이었다. 단지 인식론상의 문제만으로 보이는 보편개념의 실재성의 문제는 우선 원리적인 면에 있어서 신학적 문제들을 야기했고, 다음으로 가톨릭교회의 존재 의의에 대한 문제를 일으켰으며, 궁극적으로는 신과 신앙에 대한 인간관계의 혁신적인 변화를 불러왔다. 보편자의 실재성이 부정된다면 신으로부터 인간에 이르는 보편자들 가운데 하나이며 동시에 신과 인간의 매개자인 교회의 존재 의의가 없어지게 된다. 교회는 그들이 신에 좀 더 가까운 고차적 실재성을 가지고 있다고 주장했지만 존재하는 것은 오로지 개인들뿐이라면 신앙을 가진 개인들의 추상화된 존재로서의 교권계급은 쓸모없는 부속물이 되어 버린다.

＊윌리엄 오컴(1285~1350): 영국 수도자이며 철학자. 그는 "보편자는 단지 사물 이면의 이름 뿐이다(Universalia sunt nomina post rem)"라고 주장하며 플라톤 이래의 실재론을 분쇄하고 유명론을 도입한다. 그는 존재하는 것은 오직 개별자라는 것을 논증함에 의해 새로운 길(Via Moderna)을 닦는다.

유명론적 전제에 입각하면 교회는 모든 개별적인 신앙인들의 이름에 불과하다. 여기에서 더 중요한 것은, 개별자들만이 존재한다면 신과 개별자들을 매개해 주는 역할의 교회 조직은 불필요한 것이다. "존재는 쓸모없이 증가해서는 안 된다Entities are not to be multiplied without necessity"라고 말하며 오컴은 보편개념으로서의 교회를 부정해 나간다. 개별자로서의 각각의 신자들이 보편개념으로서의 교회보다 신에 더 가깝다. 보편개념에 대한 유명론적 입장은 교권계급적 제도에 대한 반대를 함축하는 것이었다.

중세에서 인간은 이중의 구속하에 있었다. 세속적으로 그들은 봉건적 구속하에 있었고 종교적으로 그들은 교권적 구속하에 있었다. 세속권력과 종교권력이 때때로 갈등상태에 있었다 해도 인간을 구속하고 자유와 권리를 박탈하는 데 있어서는 그 둘은 일치되는 이해관계를 가지고 있었다. 봉건적 성직자들은 엄밀한 위계질서를 이루고 있는 봉건적 관계들을 신성한 것이라고 옹호한다. 이와 같은 세계상 아래에서는 개별자로서의 인간, 즉 개인으로서의 인간의 자율성은 존재할 수가 없다. 인간은 자기 상위에 있는 보편적 권력에 예속된 존재로서만 기능한다. 이에 반해 유명론은 개별자를 강조함으로써 개별적 인간을 부각시키고 개별적 인간의 개체성을 강조하며 그들의 독자적이고 자율적인 활동을 강조한다. 유명론에 의해 중세인들은 처음으로 자기 자신을 자각하게 되었다.

위대한 유명론자 오컴William Ockham은, 일반개념(보편자)이 사물들과 같은 독자적이고 실재적인 존재를 가지고 있는가, 아니면 사물들의 집합으로부터 추상된 이름으로서 단지 개별 사물들 전체를 지칭하기 위한 임의적 기호인가에 대한 논쟁에 대해 다음과 같이 설명한다. 보편자는 우리 바깥에 존재할 수 없다. 만약 그러할 경우 보편개념 역시도 개별자가 되고 이것은 보편자는 일반적general이라는 정의에 어긋나기 때문이다. 보편자는 우리 밖에 실체를 갖지는 않는다. 그것은 단지 우리 정신 안에 존재하는 것으로서 모든 존재자들의 관념적 형태에 지나지 않는다.

오컴은 그의 추론을 이렇게 전개시켜 나가며, 스콜라 학파의 실재론, 그중에서도 특히 토마스 아퀴나스류의 실재론을 비판한다. 직관적 인식과 추상적 인식이 존재한다. 직관적 인식은 어떠한 대상의 존재를 확인해 주며, 따라서 경험적 인식의 출발점이다. 추상적 인식은 보편개념을 추출하는 개념적 지식이다. 추상적 인식은 직관적 인식을 토대로 하고 개별 사물들에 대한 일반 진술을 하지만 이때 이 개별 사물의 현존이나 특수성에 대한 언급은 배제된다.

오컴의 이러한 일반화는 앞으로 오게 될 경험론의 선구를 이룬다. 이러한 철학적 견해는 다시 영국의 데이비드 흄에의해 되풀이된다. 보편개념의 실재성에 대한 의심이 보편개념의 특질qualities의 관계에까지 미치게 되었을 때 과학혁명에 대한 인간의 신념은 붕괴되고 세계는 다시 한 번 해체되게 된다.

III
이중진리론과 종교개혁
The doctrine of twofold truth & The Reformation

유비론과 이중진리론

아우구스티누스와 토마스 아퀴나스에게 중요한 것은 이성이었다. 우리 이성은 보편자를 품을 수 있고 그러므로 신을 품을 수 있는 것이었다. 그러나 이성에 대한 이러한 신뢰는, 많은 신화가 독단이듯이 역시 독단이었다. 신이 우리의 이성으로 포착될 수 없는 것은 분명해졌다. 인간이 가진 인식적 도구 중 이성이 가장 의심스러운 것이 되었다. 이 결과는 '알 수 없는 신'이 되고 만다. 중세 내내 신은 우리가 이해할 수 있는 대상이었고 그 의지와 요구까지도 우리가 알 수 있는 것이었다. 그러므로 지상세계는 신의 세계의 질료적 반영이어야 했다. 지상세계는 신의 세계를 닮아야 했고 그렇게 되어 하늘에서 이루어진 것처럼 땅에서도 이루어져야 했다. 이것이 유비론이다. 즉, 신의 세계와 세속적 세계는 유비적 관계에 있게 된다.

유명론이 중세의 신앙에 대해 가한 가장 커다란 충격은 유비론의 붕괴이다. 인간은 신을 포착할 수 없다. 이성 속에 없는 신은 어디에도 없다. 왜냐하면 신은 감각적 포착 대상이 아니기 때문이다. 신과 인간의 관계는 명령과 복종의 관계로부터 은총과 영혼의 문제로 바뀌어 나간다. 신이 지적인 이해 대상이 아니므로 우리는 알 수 없는 어떤 정신주의적 몰두 속에서만 신을 만날 수 있다. 신은 천상으로 멀리 물러나고 지상세계는 전적으로 인간에게 맡겨진 것이 된다. 더하여 모든 우주적인 것들은 신으로부터 등거리에 있게 된다. 개별자만이 존재하는 세계에서 위계질서란 있을 수 없다. 모두가 개별자로서 신과 제각기 대면하는 것이다. 이것이 이중진리론이다. 천상은 아마도 천상적 법칙, 곧 신의 지배를 받을 것이다. 그리고 지상세계는 개별자들의 세계이다. 유명론은 먼저 이렇게 천상과 지상을 분리시킨다.

종교개혁

유명론자들은 신을 사랑했다. 그들은 신이 교황청이 자의적으로 해석하는 교리에 따라 끝없이 몰락해 가는 것을 계속 지켜볼 수 없었다. 교황청은 아우구스티누스와 토마스 아퀴나스의 신학에 따라 신을 해명했고 이것은 위계적 보편개념의 세계였다. 인간 이성, 특히 그중에서도 철학적 우월권을 보장받는 이성에 의해 포착되는 신은 기득권을 지닌 교권계급에 의해 끝없는 전락을 겪고 있었다. 그들은 지상세계에서 신을 대변하고 있었다. 신은 교권계급의 특권과 존재의의를 보장했다. 그들에 의해 이해되는 신, 이성으로 포착되는 신은 그렇게 인간의 손아귀에서 타락하고 있었다. 그러나 유명론자들은 실재론을 분쇄함에 의해 교황청의 손으로부터 신을 구해 낼 수 있었다. 이제 지성적 우월이 신에 대한 우월성을 보장받을 수는 없게 되었다. 교권계급에 속한 사람들 자신도 속인과 마찬가지로 신 앞에서는 등거리에 있는 개별자에 지나지 않았다.

유명론의 이러한 이념이 종교개혁의 사상적 근거를 형성한다. 마르틴 루터Martin Luther는 '신 앞에 하나의 영혼으로 독자적으로 서라'고 말한다. 신과 인간 사이의 어떤 대리인의 존재도 용납하지 않는다. 신은 지성적 이해 대상은 아니다. 인간은 신의 의지를 모른다. 유한자는 무한자를 알 수 없다. 그러므로 오로지 계시와 은총만이 의미 있는 신앙적 증거이다.

지상으로부터의 신의 퇴거는 다시 한 번 세계의 통합성을 해체한다. 신을 정점으로 구축되어 있던 플라톤과 아리스토텔레스의 세계는 유명론의 공격에 의해 궁극적으로 와해될 것이었다. 르네상스를 특징짓는 첫 번째 요소는 세속주의와 향락주의이다. 우리는《데카메론》이나《캔터베리 이야기》에서 보이는 과거 사람들의 향락에의 추구가 이상할 정도로 현대적 퇴폐의 분위기와 흡사하다고 느낀다. 우리 이성 속에서의 신의 죽음은 신앙에 있어 경건적 신비주의와 세속적 삶에 있어서의 배금주의와 향락주의를 불렀다.

from Plato to Wittgenstein

; A epistemological interpretation

인간에 이르는 길

I
과학자들
Scientists

배경

통일적으로 설명되는 우주라는 새로운 지적 자신감은 천문학으로부터 오게 된다. 그리고 천문학의 개가에 따라 인간 이성, 그중에서도 특히 수학적 지성은 다시 한 번 부활을 맞는다. 유명론이 천체에 대하여 적용되었을 때 세계는 매우 역동적인 것이 되었으며 르네상스가 지니고 있던 중세적 요소는 말끔히 걷히고 근세가 본격적으로 시작되게 된다.

르네상스는 조화의 시대라기보다는 모순의 시대였다. 그리스 고전주의가 농경문화와 상공업, 귀족계급과 평민계급의 갈등 속에 아슬아슬한 균형을 이루며 가능했던 것과 마찬가지로 르네상스 고전주의 역시 중세적 고정성과 세속적 역동성, 신과 인간, 영혼과 물질의 경계에서 가까스로 얻어진 성취였다. 르네상스 예술은 신앙을 주제로 하지만 이미 세속적 미를 드러 내고 있고, 형식으로는 고전주의를 취하고 있지만 그 내용은 이 미 다채로운 자연주의적 경향에 치우치고 있고, 견고한 고전적 고정성을 지니지만 동시에 삶의 역동성을 구가하고 있다. 르네 상스 고전주의 기간이 화려한 성취에도 불구하고 매우 짧았다 는 사실 자체가 그 세계관이 모순 속에 있었으며 어느 쪽으론가 의 궁극적 해결책을 구하고 있었다는 사실을 말하고 있다. 상공 업의 부흥, 도시의 성장, 생산성 증가 등의 경제적 요인에 따라, 그리고 중세 말에 유명론적 사유가 불러온 세계관적 변화에 따 라 르네상스인들의 삶은 세속화되었고 그 일상적 삶은 물질적 향락을 구가하는 종류의 것이 되었지만 천 년에 이르는 중세적 세계는 아직 그 영향력을 미치고 있었다. 그들 삶의 내용은 이 미 근세적인 것이 되어 가고 있었지만 그 형식은 아직 중세적인 것이었다. 이 껍질은 곧 벗겨질 것이었다.

니콜라우스 쿠자누스의 천문학; 등거리론

개별자에만 의미를 부여하는 '현대의 길Via Moderna'의 천문학에

의 적용은 위대한 천재 니콜라우스 쿠자누스Nicolaus Cusanus와
더불어 시작된다. 1401년 독일의 쿠에스Kues에서 태어난 그는
1450년에 이르러 독일 수도원 감독 사제가 된다. 그는 현대의
아인슈타인이 그랬던 것과 마찬가지로 순수한 사유만으로 천체
에 대한 혁명적인 그림을 그려 낸다.

그는 우주는 주변도 중심도 없는 것이며 따라서 지구는
세계의 중심이 아니고 다른 모든 천체와 더불어 운동하는 것이
라고 말한다. 그는 지구를 별들 중의 하나로 보고, 이것 역시 다
른 별들과 마찬가지로 원형궤도를 그리며 운동한다고 본다. 이
렇게 함에 의해 그는 프톨레마이오스가 구축한 위계적 질서로
서의 우주론을 붕괴시켰으며 나중에 오게 될 코페르니쿠스의
지동설을 위한 토대를 구축한다.

이러한 우주론은 유명론의 천체에의 적용에 의해 가능
한 것이었다. 만물은 개별자인 것이다. 여기에서 위계적 요소
는 없다. 모든 것들이 개별자로서 신으로부터 등거리에 있게 된
다. 쿠자누스는 우주의 각각의 점들이 무한히 광대한 영역의 제
각기 중심이 된다고 주장한다. 이렇게 하여 만물은 등가성을 지
니게 된다. 아리스토텔레스가 기초하고 프톨레마이오스가 완
성시킨 고대의 우주론은 천상과 지상을 분리시켜 천상에는 천

상의 물리적 법칙이 적용되고 지상에는 지상의 물리적 법칙이 적용된다고 말했다. 그러나 이제부터는 단 하나의 자연법칙이 세계의 모든 것에 적용됨에 따라 오컴의 '절약의 원칙(Ockham's Razor라고 은유적으로 말해지는)'이 우주에도 타당하게 되었다.

스콜라철학은 신화이다. 그 철학은, 천상에서 지상은 매개적이고 위계적인 보편자들로 가득 차 있다고 말한다. 이에 반해 쿠자누스는 모든 유한자는 무한자와 동일한 거리를 두고 있다고 말한다. 이러한 가정에 따라 쿠자누스는 원죄에 의해 전락되어 속죄와 고통을 그 운명으로 해야 하는 인간을 구원한다. 인간은 스스로 하나의 중심이며 하나의 소우주이다. 인간은 물론 유한자이다. 그러나 그것은 지상적인 모든 것들이 유한하다는 의미에서 그렇다. 적어도 세속세계에서의 우열은 없다. 이제 인간은 이 지상세계에서 능동적이고 창조적인 자율성을 지닌다. 구원은 지식과 계급의 문제가 아니라 신의 알 수 없는 선택에 의할 뿐이다. 내가 신의 의지를 모르듯이 교황도 신의 의지를 알 수 없다. 나의 신앙은 나의 자율성에 입각한다.

이러한 혁신적 우주관은 과학혁명뿐만 아니라 종교적 관용에도 영향을 미친다. 어떠한 개별자도 우월성을 주장할 수 없듯이 어떠한 종교도 우월성을 주장할 수 없다. 모든 개별자가 신으로부터 등거리에 있듯이 모든 종교 역시도 신으로부터 등거리에 있다. 어떠한 종교도 자신만이 참된 신앙이라고 고집해선 안 된다. 아마도 쿠자누스의 사상이 최초의 종교 다원주의일 것이다. 그는 '신앙적 진리'는 많은 종교 형태로서 드러난다고 말한다.

코페르니쿠스; 지동설

코페르니쿠스가 말하는 바와 같이 태양이 지구를 돈다는 가설보다 지구가 태양을 돈다는 가설에 의해 천체의 운동은 훨씬 더 그럴듯하게 해석된다. 문제가 발생한 것은 지구가 운동한다는 사실보다 '운동의 양태'가 관측 결과와 맞지 않는다는 사실에 있었다. 코페르니쿠스와 조르다노 브루노는 천체의 운행이 말끔하고 정돈된 조화 속에 있어야 한다고 믿었다. 즉, 운동의 궤도는 완벽한 원이어야 한다고 그들은 생각했다.

그들은 유명론에 의해, 존재에 있어서는 보편개념을 분쇄했지만 변화, 즉 운동에 있어서는 아직도 기하학적 도형이라는 보편개념을 벗어나지 못하고 있었다. 그들은 유클리드적 도형이 제시하는 기하학적 도형에서 말끔하고 귀족적이고 군더더기 없는 차가운 아름다움을 느끼고 있었다. 즉, 완벽한 도형이라고 믿어지는 원이라는 보편자가 천체의 실제 궤도에 선행하며 이것이 운동에 대한 하나의 실재론적 개념으로 자리 잡고 있었던 것이다. 기하학이 지니는 이러한 보편개념의 실재성은 피타고라스에 의해 정립되고 플라톤에 의하여 강화된 관념으로 중세 내내 굳건하게 자리 잡고 있었다. 운동 양태에 있어서의 이러한 보편개념에 대한 거부가 곧 근세의 기계론적 세계관과 맺어지게 된다. 다시 말해 케플러가 타원궤도를 발견함에 의해 세계는 완전히 근세로 진입하게 된다.

르네상스 고전주의의 절정을 이루었던 화가들, 레오나르도 다빈치, 미켈란젤로, 라파엘로 등이 구축한 세계가 고전적 통합을 보인 것은 완벽하고 질서 잡힌 기하학적 세계에 대한 그들의 신뢰와 일치하는 것이다. 즉, 그들의 회화는 내용에 있어서는 이미 세속적이고 다채로운 개별자를 중시하지만 전체적인 구도는 현저하게 플라톤적이었다. 유명론적 내용과 플라톤적 형식의 통합이 그들의 자연주의적이며 동시에 고전적인 회화를 가능하게 했다. 그러나 타원궤도가 도입됨에 따라 그들의 회화 역시도 고전적 완결성을 저버리고 늘어진 듯한 형태의 마니에리즘Manièrism의 시대로 들어가게 된다.

피타고라스 수학의 의의는 수학적 세계가 있고 거기에 준하여 세계가 존재한다고 주장한 데에 있다. 세계가 스스로의 언어로 하나의 수학을 채택한 것이 아니라 수학이 먼저 존재하고 세계가 거기로부터 유출된 것이다. 유명론은 존재being에 대하여는 자기주장을 관철시켰지만 수학적 세계는 자신이 지닌 완결성과 말끔함으로 아직도 '실재하는 보편개념'이라는 피타고라스적 의의를 유지했던 것이다.

케플러; 근대에의 길

케플러는 르네상스와 근세 사이에 위치한다. 그의 세계관은 먼저 피타고라스적인 것이었다. 그는 공간에 처한 존재들의 상호관계가 피타고라스가 제시한 수학적 법칙에 의해 규정된다고 생각했고, 행성들의 운동도 여기에 준하여 조화로운 음악적 비례의 원칙에 따른다고 생각했다. 케플러는 수학적 조화야말로 세계의 질서를 규정하는 제1원칙이라고 가정했다. 인간은 이 조화로운 우주의 일부로 편입되어 있으며 이 조화에 준하여 자기 자신을 가다듬을 때 모든 인간적 완성이 가능하다고 생각했다. 이만큼까지는 그도 르네상스인이었다. 그는 티코 브라헤의

평생에 걸친 관측 기록 위에서 그의 연구를 진행했다. 그러나 이 관측 기록이 그가 가정한 조화와 들어맞지 않는다는 것이 문제였다. 그는 애초부터 행성은 원둘레 위를 지나는 운동을 해야 한다고 생각했고 이러한 가정이 그로 하여금 많은 헛수고를 하게 만들었다. 원이야말로 완전성을 구현한 도형이고, 조화란 마땅히 완전해야 한다는 것이 그의 믿음이었기 때문이다. 그는 먼저 조화롭고 완벽한 우주라는 가정하에서 브라헤의 관측 기록을 기하학적 정리와 일치시키려 했다. 그는 코페르니쿠스의 지동설을 받아들인 다음 피타고라스와 플라톤이 제시한 이데아적 도형에 우주의 운행을 맞추기 위해 많은 헛된 노력을 기울인 것이다.

행성이 태양으로부터 떨어져 있는 거리와 행성의 운동 속도 간에 반비례적 관계가 있다는 사실을 발견했을 때 케플러는 갑자기 근대적 세계관에 진입하게 된다. 완벽한 운동 궤적이라는 개념은 사라져야 하며 우주에 내재하는 조화로운 기하학의 실현이라는 운동개념도 사라져야 했다. 선험적으로 존재하며 우주의 운동을 유출시켰던 기하학적 보편개념은 폐기되어야 한다.

우주의 운행을 결정짓는 것은 기하학이 아니라 '힘'이고 세계는 단지 힘에 의해 움직이는 시계장치와 같은 것이 된다. 그가 힘이라는 새로운 운동 동인을 도입하여 그것을 개별적 존재물에 귀속시키기보다는 두 물체 사이의 상호작용으로 파악함으로서 그의 천문학은 이제 물질적 결정성을 갖게 된다. 존재 자체에는 어떠한 내재적 운동 요인이 없고 단지 물체 사이에 존재하는 힘만이 있을 뿐이다. 이제 존재는 단지 공간성extension에 지나지 않게 된다. 그것은 그 자체로는 어떠한 내재적이고 생명적인 요소를 갖고 있지 않고 또한 스스로를 완성시키고자 하는 엔텔레케이아를 가진 것도 아니었다. 그것도 역시 다른 물체와의 사이에 존재하는 힘에 의해 운동하는 한낱 무기물에 지나지 않았다. 이제 존재being와 변화change라는 생물학적 모델보다는 공간성extension과 운동movement이라는 물리학적 모델이 도입되게 된다. 케플러는 스스로 "영혼에서 자연으로 이행했으며, 아리스토텔레스의 형이상학을 힘에 대한 새로운 대수학을 포함하는 천체철학과 물리학으로 바꾸었다"라고 선언하기에 이른다.

갈릴레오 갈릴레이; 근대 물리학

갈릴레이의 의의는, 수학을 먼저 존재하는 어떤 실재하는 보편자의 위치로부터 자연을 설명하기 위해 '나중에' 채용된 하나의 언어의 위치로 바꾸었다는 데에 있다. 수학으로부터 독자적이고 자율적인 독립성을 제거하고 단지 그것을 하나의 도구로 만들었다는 것이 그의 가장 커다란 업적이다. 갈릴레이는 경험적 사실을 관찰하거나 실험하는 데 수학적이고 계량적 방법을 적용했다는 점에서 근대과학 방법론의 기틀을 놓는다. 그는 사물 간의 관계를 수량적으로 파악하여 그들 사이의 인과관계를 수학적 법칙으로 표현함으로써 근대과학이 나아갈 길을 제시한다. 수학은 자연과학의 주인이기보다는 하인이 된 것이었다.

경험과 관찰을 중시했다는 점에서 갈릴레이는 베이컨과 유사하다. 그러나 우리를 감각에 수동적으로 내맡긴다고 해서 저절로 자연법칙에 도달할 수는 없다는 점을 알았다는 점에서는 베이컨을 넘어선다. 그는 경험적 관찰로부터 수학적 언어로 표현되는 가설을 도입하고 그것을 검증해야 한다는 것을 알아낸 최초의 과학자였다. 경험과 실험 못지않게 자연의 법칙성, 곧 인과율을 파악하는 것이 중요하다. 자연에 대한 지식을 얻기 위해서는 관찰이라는 경험적 요소에 못지않게 그것을 통일적으로 설명하고 그렇게 함으로써 자연의 운동의 보편성을 알아내는 추론이 중요하다는 사실을 갈릴레이는 의식하고 있었다. 그리고 이 추론의 결과는 수학적 정식을 통해 표현 가능하다는 것이 수학에 대한 그의 철학적 입장이었다. 자연은 하나의 책으로서 그 언어는 수학으로 된 것이었다. 내용은 자연에 대한 것이고 형식은 수학적 언어였다. 자연을 알고 언어를 알면 누구나 이 책을 읽을 수 있다는 것이 그의 견해였다. 경험적 관찰이 수학적이고 계량적인 방법과 맺어지게 되었다.

이러한 양식으로 갈릴레이는 근대과학의 방법을 최초로 확립한다. 갈릴레이 이후 우주에 대한 파악은 언제나 수학적 언어로 표현될 수 있다는 확신이 생겨난다.

II
데카르트
René Descartes

수학

데카르트René Descartes*는 사유의 도구로서의 수학을 도입한다. 즉, 수학이 하나의 사유의 모델이 될 수 있다고 그는 생각했다. 근대철학은 철학의 중심을 존재론에서 인식론으로 옮겨 놓는다. 이것은 형이상학적 관심이 존재being에서 운동movement으로 옮겨진 것에 대한 철학적 대응이었다. 우리는 보편개념의 실재 유무와 상관없이 어쨌든 보편개념을 토대로 사유한다. 우리 지식은 모두 보편개념을 인과적으로 묶는 데에서 발생한다. '인간은 죽는다'는 지식은 인간이라는 보편개념과 죽음이라는

---

*르네 데카르트(1596~1650): 프랑스 철학자, 수학자, 물리학자. 모든 것을 의심하는 회의를 통해 '사유하는 나'를 모든 인식의 기저에 놓게 되고 거기에서 모든 세계를 유출시킨다. 자아와 이성에 대한 이러한 강조로 인해 그는 근대정신의 철학적 토대를 이룬다.

또 다른 보편개념이 인과적으로 엮인 것이다.

이러한 보편개념이 선험적으로 얻어진다는 주장은 합리론으로 이르고 경험적으로 얻어진다는 주장은 경험론으로 이른다. 데카르트는 수학에 대한 우리의 지식이 선험적이듯 보편개념에 대한 우리의 지식도 선험적이라고 생각했다. 또한 이러한 보편개념의 연쇄로서의 인과율에 대한 우리의 지식 역시도 선험적이라고 생각했다. 세 개의 각, 세 개의 변, 180도의 내각의 합 등의 보편개념은 선험적인 것이며 이것들이 삼각형이라는 보편개념과 엮어지는 인과율 역시 선험적 지식이었다.

그는 몇 개의 공리와 공준으로부터 출발한 기하학적 세계가 화려하고 다채롭고 선험적인 수학적 정리theorem들을 산출하듯이, 확고하고 분명한 토대로부터 출발한 우리의 사유가 수학적 사유를 통해 세계를 파악할 수 있다고 생각했다. 그는 이성적 원리들을 분명히 세우고 거기에서부터 세계에 대한 지식을 연역해 내고자 한다. 그러나 모든 연역은 전제를 요구한다. 출발점이 있어야 한다. 유클리드의 기하학 전체가 몇 개의 공리와 공준에서부터 연역되어 나오듯이 이 세상이라는 책을 연역해 내기 위한 전제가 어딘가에 있어야 한다.

'인간 정신의 이성적 역량'이 인간과 세계의 포착에 관한 최초의 전제라는 것이 데카르트의 주요 가설이었다. 그는 먼저 철학을 신앙으로부터 독립시킨다. 유명론에 의해 지상세계는 인간에게 맡겨진 바가 되었다. 초자연적인 세계는 자연세계의 해명과는 관련되지 않는다. 그는 다음으로는 명석하고 판명하게 구사된 인간 이성은 적절한 방법에 따라 우주의 본질을 발견할 수 있다는 신념으로 몽테뉴식의 회의주의도 물리친다. 만약 이성이 주관적인 것이고 감정에 지배받는 것이라면 그것은 진리를 발견하는 수단으로서는 쓸모가 없다. 그러나 명석하고 판명하게 구사될 경우 인식 수단이라는 측면에서의 이성은 우주의 진리를 이해할 수 있다.

이성의 의의

이러한 신념, 즉 인간이 보편적으로 나누어 가진 이성이 세계를 파악할 수 있다는 신념은 그가 철저한 인본주의자이며 완전한 근대인이라는 사실을 말해 준다. 이제는 지상세계의 진리에 있어 완전한 독점권을 행사해 왔던 신앙과 계시는 적어도 세속적 세계와 관련하여서는 왕위를 잃게 된다. 이것은 천 년간 유효했던 종교의 전제성을 고려할 때 가히 '이성의 권리 선언'이라고 할 만한 것이다. 데카르트의 관심은 이 이성을 잘 정련하고 잘 구사하는 데에 집중되었고, 그가 보기에 수학은 이것을 위한 가장 탁월한 모범이었다.

데카르트는 먼저 공리는 자명하다고 생각하면서 그 자명성의 근거를 우리의 직관 위에 놓는다. 만약 우리가 정신을 명석하고 판명하게 유지한다면 우리의 직관은 사물에 대한 참된 지식을 준다고 그는 단언한다. 이렇게 직관으로 파악된 전제로부터 계속되는 연역에 의해 지식은 획득된다. "직관과 연역의 힘으로 착각을 두려워함 없이 사물에 대한 참된 지식에 도달할 수 있다"라는 것이다.

그는 직관과 연역을 행사 할 수 있는 인간의 역량 — 양식bon sens — 에 대한 신뢰를 가지고 있었으며 그것이 올바르게 행사되기만 한다면 우리는 참된 진리에 도달할 수 있다고 믿었다. "양식은 이 세상에 가장 고르게 배분되어 있는 것"이기 때문이다. "잘 판단하고 참과 거짓을 구분해 내는 역량, 이것을 본래적인 양식 혹은 이성이라고 부르며, 이것은 모든 사람이 태어나면서부터 똑같은 것"이라고 그는 말한다.

데카르트는 우리의 정신이 관념(보편자)을 명석판명(明晳判明)*하게 알 수 있다는 사실을 확신, 관념이 경험에서 형성된다는 경험론과는 상반된 출발점을 가진다. 그는 경험이 관념에 대응한다고 본다. 우리가 수학적인 사유양식에 따라 올바르게 추론해 나간다면 우리는 모르는 것을 발견할 수 있는 것이다. 그는 수학이 지니는 확실성과 명료성이 그를 수학적 방법으로 이끌었다고 말한다. 그러나 기존의 수학은 홀로 존재하는 것이었다. 세계를 이 굳건한 기초 위에 건설하지 않은 것이 이상했다.

　이러한 식으로 그는 직관과 연역 위에 지식의 체계를 세운다. 그는 이 방법만이 지식에 이르는 길을 보증해 주고 다른 어떤 방법도 오류로 이끌 위험이 있다고 생각했기 때문이다. 그에게 직관이란 정신 속에 어떤 혼란도 없는 지극히 명석한 지적 활동 또는 통찰을 의미한다. 감각 인식은 제멋대로이고 우리를 착란시키는 혼연한 것이지만, 직관은 맑고 확연한 정신활동이고 우리가 어떤 회의도 이해할 수 있는 개념을 제공하는 정신활동이다. 연역은 직관에 의해 명증하게 확인된 사실로부터 추론되는 과정이다. 직관에 의해 우리는 직접적으로 완벽하고 단순한 진리를 포착하고, 연역에 의해 우리는 좀 더 복잡하고 다양한 진리를 구해 나갈 수 있다. 데카르트는 정신 속에서 구해진

＊명석판명: 데카르트가 진리 인식의 기준으로 내세운 조건. 한 개념의 내용이 명료한 사태를 명석이라 하고, 명석하면서 동시에 다른 개념과의 구별이 충분함을 판명이라고 한다.

절대적 확실성 위에 지식체계를 세우기를 원했다. 직관은 제1원리(수학의 세계에서라면 공리나 공준 등의)를 찾을 수 있고 연역은 직접 얻어지지 않은 나머지 결론들을 이끌어낼 수 있는 것이었다.

데카르트는 직관과 연역을 위한 규칙을 정한다. 이것은 수학적으로 사유하기 위한 일종의 방법론이다.

첫째, '명증'의 규칙. 이것은 내가 옳은 것으로 분명하게, 즉 명석판명하게 알지 못하는 것은 결코 참으로 받아들이지 말아야 하며 어떤 의심도 없이 선명하게 나의 정신에 제시되는 것 외에는 나의 판단 속에 어떤 다른 것도 포함시키지 말아야 한다는 것이다.

둘째, '분석'의 규칙. 복잡하고 어려운 문제들을 가능한 한 작은 부분으로 나누어야 한다는 것을 의미한다.

셋째, '종합'의 규칙. 이것은 가장 단순한 대상들로부터 점차 복합적인 대상들까지 순차적으로 사유를 진행하는 것을 의미한다.

넷째, '열거'의 규칙. 이것은 아무것도 제외된 것이 없다는 것이 확신될 때까지 모든 것을 열거한 뒤에 검증을 거치는 것이다.

데카르트는 진리를 알 수 있는 어떤 것으로서의 우리 정신에 무한한 신뢰를 보낸다. "본래부터 우리의 정신 속에 존재하는 진리의 가능성 말고는 어디에서고 진리가 나올 수는 없다"라고 그는 말한다. 이러한 데카르트의 이념은 상당한 정도로 플라톤적인 것이다. 그러나 플라톤은 우리가 어떻게 보편개념을 이해할 수 있느냐의 문제보다는 먼저 보편자의 실재성에 관심을 기울였다. 반면에 데카르트는 보편개념의 실재 유무에 대한 관심에보다는 우리가 보편개념을 어떻게 얻느냐에 관심을 기울였다.

다시 말하면, 데카르트는 사물의 존재보다는 그 사물들의 작동 양태에 관심을 기울였다. 즉, 이 세계를 어떻게 이해하느냐가 그의 관심사였다. 우리 인식이 선험적인 것이고 우리 이성의 정련에 의해 보편적 지식을 얻을 수 있다는 점에 있어서는 플라톤과 데카르트는 일치한다. 그러나 플라톤은 선행하는 보편개념들이 우리 정신 속에 그것들을 심어 준다고 생각하는 데 반해 데카르트는 우리 진실의 자발성이 보편개념 — 그 실재 유무와 관계없이 — 을 포착할 수 있다고 믿는다. 이것이 고대의 실재론적 관념론과 근세의 합리론적 관념론의 차이이다. 그러나 양쪽 모두 보편개념이 지식의 원천이라고 생각하는 점에 있어서는 일치한다.

방법론적 회의

데카르트 철학의 첫 번째 기초는 '사유하는 나'이다. 그의 회의는 물론 방법론적인 것이다. 그는 확신하기 위해 회의한다. 그의 회의의 결과는 "나는 생각한다, 고로 나는 존재한다"라는 최초의 근거를 찾은 것이다. 그는 이 생각하는 나, 곧 사유하는 나로부터 모든 세계를 유출시킨다.

"나는 생각한다, 고로 나는 존재한다"라는 명제가 참이 되는 것은, 그것이 나의 정신에 명석하고 판명하게 떠오르는 것이기 때문이다. 여기서 '명석하다'는 것은 세상이 우리 눈앞에 확연하고 자명한 것으로 드러난다는 것, 다시 말하면 엄밀하게 정련된 정신에 선명하게 떠오른다는 것을 가리킨다. '판명하다'는 것은 어떤 대상이 다른 대상과 확연히 구별될 만큼 잘 정의된 것으로 자기 자신의 본연적인 것 말고는 자신 속에 어떤 다른 것도 내포하지 않는 것을 가리킨다.

이렇게 되어 데카르트에게 있어 자아란 '사유하는 나'가 된다. 사유하는 나는 "회의하고 이해하고 긍정하고 부정하고 희망하고 거절하는 어떤 것이고, 상상하고 느끼는 어떤 것"이다. 사유한다는 것은 가장 명확한 하나의 사실이므로 이 사유의 장본인, 사유의 주체, 다시 말하면 '사유자'가 있어야 한다.

이 사유자가 육체가 아니라는 사실이 데카르트 철학에서는 매우 중요하다. 여기에 그의 이원론dualism이 기초하기 때문이다. 데카르트는 "사유하는 실체는 그 존재를 위해 장소도 물적 근거도 가질 필요가 없다"라고 하며 자아의 물질성을 부정한다. 여기에 입각해 자아의 존재는 증명되며 자아의 본질도 규정된다. 어떠한 사유도 그 행위자를 떠나서는 존재할 수 없다. 왜냐하면 사유란 하나의 명확한 사실이기 때문이다. 나의 존재는 이렇게 확증될 수 있다. 데카르트는 자아의 존재 근거를 사유에 둠으로써 근세철학을 관념론 위에 기초시킨다. 이를테면 '세계는 나의 관념'이 되는 것이다.

이원론

이렇게 되어 정신과 물질은 분리된다. 정신은 육체로부터 분리된다. 왜냐하면 정신은 사유하는 것에 의해서만 존재하기 때문이다. 이에 반해 물체는 정신과 무관하게 단지 연장extension에 의해서만, 다시 말해서 공간을 차지함에 의해서만 존재하게 된다. 정신은 전적으로 비연장적non-extensional 사유를 본성으로 하는 실체가 된다. 사유는 육체와 물질성으로부터 독립한다.

데카르트의 이원론은 단순히 사유의 순수성과 자율성만을 강조하는 것은 아니다. 그의 이원론은 근세 정신과 밀접한 관계가 있다. 이원론에 의해 정신의 순수성과 독자성이 분명해지는 것은 사실이다. 그러나 정신의 자율성보다 더 중요한 것은 자연의 무기물적 성격과 수동성이다. 자연에는 어떠한 영혼이나 정신이 존재하지 않는다. 이제 자연은 한낱 무생명적인 시계장치와 같은 것이 되며, 여기에서부터 '기계론적 우주'라는 철저히 근세적인 자연관이 도출된다.

데카르트의 형이상학적 성찰의 결과는 이와 같은 것이었다. 그는 인간이 사유한다는 확실성에서 출발하여 세계를 총체적으로 인식하는 새로운 입장을 확립한다. 다음 시대는 과학과 자연의 조작이 중요한 문제로 대두될 것이었다. 이제 과학적이고 기계론적인 자연관을 뒷받침해 주는 철학적 근거가 마련된 것이다. '물질은 곧 연장'이라는 그의 새로운 세계관은 자연에서 모든 심리적이고 생명적인 성질을 일소해냈고 따라서 아리스토텔레스와 스콜라철학자들의 자연관, 곧 엔텔레케이아적 사상이나 목적론적 사상을 분쇄했을 뿐만 아니라 르네상스 시기의 자연철학자들의 우주의 내재적 조화와 완결된 기하학적 운동이라고 하는 물활론적 우주관까지도 타파한다.

그의 철학을 근대적인 것으로 만드는 또 하나의 혁명적 성격이 있다. 그것은 '지식의 중심을 자아에 놓는 것'이다. 이것은 근대가 독특한 성격을 가지는 것만큼이나 인간의 역사에서 독특한 것이었다. 고대세계는 먼저 실재하는 보편개념의 세계를 상정하고는 거기에 우리의 인식적 이성이 대응한다고 생각했다. 중세에는 신이 우리의 이성으로 하여금 사물에 대한 지식을 얻을 수 있도록 빛을 비추어 준다고 생각했다. 고대는 관념적 실재가 주인이었고 중세에는 신이 주인이었다. 이제 처음으로 자기 자신이 세계의 인식적 주인이 된 것이었다. 데카르트는 신으로부터 지상세계의 이해와 관련한 권위를 박탈하고 거기에 인간의 이성을 가져다 놓는다.

그러나 이 결과는 인간의 우주에 대한 대자적 입장이 된다. 데카르트는 신 대신에 자아를 우주의 중심에 가져다 놓고 그것을 기초로 하여 세계에 관한 모든 인식을 유출시킨다. 데카르트적 자아는 일단 모든 것을 의심하는 회의를 거친다. 거기에서 자아는 정련되고 추상화하는 인식의 주체가 된다. 그러나 이러한 회의의 전제는 세계 전체에 대한 의심과 자아와 세계와의 대립적 상황이다. 데카르트적 자아는 세계 전체와 마주하여 설 만큼 자신감 넘친 것이었고, 또한 인간 자신에 대한 이러한 자신감이 근대적 자신감의 특징이었다. 그러나 그 자아는 세상 전체를 자신으로부터 소외시킨다.

자신감 있는 자아는 먼저 세계를 소외시킨다. 그러나 이 와중에 그는 세계로부터 소외된다. 그는 세계와 대면하여 자신을 모든 존재자로부터 대립적 주관으로 만드는 것이다. 그것은 인간의 정신이 자기 자신의 육체까지도 포함한 세계를 이탈하여 세계의 총체를 단순히 인식 대상으로 자기 앞에 세우는 것으로, 이를테면 세계는 단지 나의 표상이 되어가는 것이고 자기 자신은 이 표상의 주체가 되는 것이다. 이렇게 되어 자아는 먼저 세계를 기술하는describe 자아가 된다. 지상세계는 마술로부터 풀려났고 거기에는 어떤 신비도 더 이상 남아 있지 않게 되었다. 이제 자아는 신비가 걷힌, 단지 비생명적 무기물에 지나지 않는 지상세계를 능동적으로 지배하고 조작해 나갈 수 있게 된다. 정신이 세계를 하나의 인식 대상으로 밀어냄에 의해 그 정신은 이 세계를 자유로이 조작할 수 있는 기계론적 대상으로 만드는 것이다. 인간 정신은 세계를 자기 앞에 하나의 표상으로 정립한다. 그러나 이것으로 끝이 아니다. 인간 정신은 그것을 자기 주위의 새로운 현실로 만들어 나간다. 자연은 단지 합리적으로 이해되는 하나의 기계이며 또한 기계적으로 실현될 수 있는 대상이 되어 나간다.

이것이 근대적 정신이다. 자아의식이 검증하고 세상은 대상화된다. 자연에 대한 지배의 요청으로 이러한 철학이 요구되었는지 아니면 이러한 철학으로부터 자연의 지배가 가능해졌는지는 중요하지 않다. 근대의 세계관은 이와 같은 것이었다는 사실을 이해하는 것이 중요하다. 이러한 세계관은 한편으로 인간으로 하여금 자연을 지배할 수 있게 하였지만, 다른 한편으로 인간을 절대적인 고독과 무목적인 삶으로 몰아넣는다. 인간은 신 없이 살 수 있을까? 가치와 절대성이 없는 삶, 인간이 인간 자신의 토대가 되는, 어떠한 기초도 기약도 없는 삶이 영원히 가능할까?

인간은 다시 한 번 세계의 정합적 총체성을 얻을 수 있었다. 이 총체성은 인간 자신이 주인이 된 바로의 총체성이었다. 세계는 수학적 언어로 표현될 수 있는 하나의 기계장치이고 인간은 이것을 읽어 낼 수 있는 이성적 역량을 가지고 있었다. 데카르트는 유명론에 의해 해체된 세계를 인간 이성에 대한 자신감으로 재구성해 놓는다. 데카르트의 성취는 유명론자들의 개별자에 대한 존중을 넘어서서 인간 자신이라는 개별자를 세계 인식의 초점으로 만들어 놓는다. 데카르트의 이러한 철학은 뉴

턴이 하나의 단일한 공식에 의해 세계라는 기계의 작동원리를
밝힘에 따라 완전한 개화를 보여 준다. 아마도 우주의 인식 가
능성에 대한 인간의 자신감은 이때 최고조에 다다르게 될 것이
었다.

III
뉴턴
Isaac Newton

의의

니콜라우스 쿠자누스로부터 시작하여 코페르니쿠스, 데카르트, 케플러, 갈릴레이를 거치며 성숙해 온 근대적 세계관은 뉴턴에 이르러 완전한 물리학적 개화를 이룬다. 뉴턴은 갈릴레이의 실험물리학과 운동역학 그리고 케플러의 행성의 운동 양태에 관한 법칙들을 단일하게 설명하는 물리학적 법칙들을 발견함에 의해 이론역학을 창시하며 동시에 이론물리학 일반을 창시한다. 그가 '자연철학natural philosophy'이라고 부른 이론물리학은 물질의 운동법칙을 공간 속에 위치한 질량의 운동법칙이라는 보편적 형태로 정식화formalize한 것인데, 이 운동법칙은 질량을 가진 모든 물체에 대해 그 양이나 질과 상관없이 무차별

하게 적용될 수 있는 것이었다. 이것은 데카르트가 상정한 연장
extension을 가진 모든 대상은 결국 무차별적인 것이라는 이념
의 물리학적 대응이었다. 여기에 더해 뉴턴은 천체역학을 지배
하는 상호작용으로서의 만유인력의 법칙을 발견하였으며 그럼
으로써 자연의 물리적 운동법칙을 우주에 실증적으로 적용시킬
수 있게 되었다.

그는 우선 물리학자였다. 그에게 있어 천문학은 자신의
물리학이 적용되는 하나의 분야일 뿐이었다. 뉴턴은 자신의 물
리학 법칙들에 입각해 케플러의 운동법칙을 수학의 언어로 연
역해 낼 수 있었고, 코페르니쿠스적인 우주 시스템을 운동역학
적으로 완결시킬 수 있었다. 거기에 더해 뉴턴의 만유인력의 법
칙은 모든 천체의 운동을 중력의 법칙이 적용되는 천체 상호간
의 인력의 작용을 통해 설명하는 보편적 법칙이 된다. 뉴턴의
만유인력의 입장에서 보자면 케플러의 법칙은 뉴턴의 법칙이
개별적 상황에 적용되는 하나의 예증에 지나지 않게 된다.

뉴턴의 자연법칙에 따르면 물질은 결국 기본적인 두 개
의 특질만을 지닌 것으로 환원된다. 하나는 물질의 공간성, 즉
공간에서 자신의 위치를 가진다는 것이다. 다른 하나는 물질
이 뉴턴 자신이 밝혀 낸 역학법칙에 따라 운동하면서 시간에 따

라 공간 속에서 위치를 변화시킨다는 것이다. 이제 우주는 연장 extension과 운동movement에 의해 해명되며 여기서 시간이 매개변수parameter로 작용한다. 다시 말하면 뉴턴의 자연철학에서 기본이 되는 개념은 질량과 공간과 시간이다. '질량'은 물질의 절대량을 의미하는 것이고, '공간'은 물질의 연장성을 나타낸다. 여기서 공간은 일반적인 그릇이고 '시간'은 물체의 위치를 규정하는 일반적 매개변수이다. 운동의 법칙은 위치가 시간에 따라 변해 가는 것을 보여 준다. 뉴턴에게 있어 시간과 공간은 그 자체로 절대적이고 객관적인 것이다. 공간은 유클리드 기하학이 지배하는 절대량으로서의 공간이고 보편적 시간은 말 그대로 우주 전체에 걸쳐 균일하게 흐르는 시간 단위이다.

　　물체의 운동에 관한 뉴턴의 법칙은 절대공간 및 절대시간과 관련되어 있다. 뉴턴에 의하면 운동의 인과율이란, 하나의 질점의 절대운동의 변화, 즉 절대속도의 변화는 모두 물리적인 원인을 필요로 한다는 것을 말한다. 뉴턴은 이것을 '힘'이라고 규정한다. 다시 말하면 속도는 힘의 단위인 것이다. 물체의 질량이 크면 클수록 속도를 변화시키기 위해서는 이에 비례하는 점점 더 큰 힘이 필요하다. 즉, 뉴턴의 세계에서는 힘이 모든 운동의 독립변수인 것이다. 이것이 근대 물리학이 역학이라고 불리는 이유이다.

고정성에서 운동으로

뉴턴을 통해 인간은 다시 한 번 세계의 총체성에 대한 정합적 이해의 가능성을 쥐게 된다. 이것은 존재로서의 우주에 대한 것 이라기보다는 존재의 작용 양태, 즉 존재의 운동에 대한 것이었 다. 모든 존재물들은 그 자체로서는 어떤 진지한 의미도 지니지 않은 무생물들에 지나지 않은 것이었고, 인간은 그것들이 어떻 게 작용하는가만 밝히면 되었다. 관심의 중심이 존재에서 변화 로 옮겨졌다. 고대와 중세의 세계관 아래에서는 세계는 정지되 어 있는 것이었고 또 정지되어 있어야 마땅했다. 어떤 변화 혹 은 운동은 그 존재물의 불완전성을 보여 주는 것이었다. 그것이 완벽하다면 그 안에 운동에의 요구가 있을 수 없었다. 사물의 운동은 자기에게 내재한 현실태(엔텔레케이아)를 실현하지 못했 기 때문이다. 현실태가 선행해서 존재한다. 즉, 운동의 종점이 먼저 존재하는 것이다. 이러한 운동관 아래에서는 운동과 변화 에 어떤 긍정적 탐구 요구가 발생할 수 없었다.

그러나 근세는 먼저 사물에서 그 내재적 형상 혹은 엔텔레케이아를 제거한다. 사물은 단지 무기물일뿐이고 공간상에서의 연장extension 일 뿐이다. 이들에게 우주는 영원히 운동하는 것이고, 변화와 운동이야말로 우주의 궁극적인 모습이었다. 고대와 중세는 존재론적 통합에 의해 세계를 구성했지만, 이 정당성은 존재의 실재성을 부정하는 유명론에 의해 붕괴된다. 근세는 우주의 운동법칙의 포착에 의해 단일하고 이해 가능한 세계를 얻어 낸다. 이것이 과학혁명과 데카르트의 철학이 얻어 낸 가장 커다란 성과이고 그 가장 빛나는 성취는 뉴턴에 이르러 완성되었다. 이제 이해 가능한 운동법칙이 삼라만상을 지배하게 되고 변화와 운동이 삶의 본질이 되었다.

이러한 세계관은 예술에 있어서는 바로크 이념으로 드러난다. 헨델과 바흐에서 보이는 끝없이 변주되어 나갈 것 같은 모음곡들이나 대규모의 변주곡들은 음악이 하나의 건축적 구도를 가진 닫힌 구조물이라기보다는 영원히 계속 운동해 나가는 열린 체계라는 것을 말한다. 마찬가지로 렘브란트나 루벤스나 벨라스케스에서 보이는 사선으로 열린 구도와 전체적인 역동적 움직임, 진동하는 소묘와 채색의 효과 등은 회화가 닫힌 캔버스 내에서 조화와 균형을 구하는 것이 아니라 그 제한을 뛰어넘어 끝없이 진행해 나간다는 것을 보여준다.

인간은 새로운 가능성, 새로운 자신감을 손에 넣었다. 어디에도 고정성과 무변화는 없다. 나의 육체를 포함한 우주 전체는 끝없는 운동을 하고 있고 나의 사유는 그 운동을 본질에 있어 포착하고 있는 것이다. 그 운동법칙은 절대적인 것이고 그 법칙을 벗어나는 어떤 사물도 있을 수 없고 또한 그 운동에는 어떤 시간적 제한도 있을 수 없었다. 그것은 보편타당한 것이었고 시간적 영원성을 지니는 것이었다.

IV
존 로크
John Locke

경험론의 대두

영국 경험론이 데카르트의 통합적 세계를 다시 해체시킨다. 소
피스트들의 철학을 하나의 철학, 특히 하나의 철학체계라고 하
기에는 무리가 따른다. 마찬가지로 세계를 총체적으로 설명한다
는 점을 철학의 첫 번째 의무로 삼는다는 견지에서 보자면 영국
경험론 역시도 하나의 철학체계라고 할 수는 없다. 우리가 보통
경험론이라고 할 때에는 우리는 그 이론을 오직 관찰과 측정과
실험에 기초를 둔 인간 경험을 인식 일반과 동일시하는 인식론
적 학설을 일컫는 것으로 받아들인다. 경험론은 하나의 철학체
계라기보다는 우리 인식의 기원에 대한 탐구에 의해 우리가 무
엇을 알 수 있는가를 살피는 검증적 기능이라고 해야 한다. 먼저

우리 인식 역량은 어떠한가를 살펴봄으로써 오히려 우리는 더 정확하게 사태를 알 수 있다. 지식의 확실성은 우리 인식 역량에 달려 있기 때문이다. 경험론은 그러므로 우리에게 반성과 내관을 추구한다. 결국 모든 지식은 '우리'의 지식이기 때문이다. 우리를 벗어난 어떤 객관적이고 보편타당한 지식은 없다.

영국 경험론 역시도 그 등장은 조용하고 조심스러운 것이었다. 언제나 검증의 철학은 지배적인 사조가 될 수 없었다. 그러나 이번에는 달랐다. 영국 경험론은 근대철학과 사유를 뿌리째 흔들었고 데카르트와 뉴턴이 통합해 놓은 세계를 해체시켰다. 그 영향력은 오늘에까지 미치고 있다. 현대철학의 어떤 경향도 영국 경험론이 이룩해 놓은 성취를 우회할 수는 없다.

존 로크John Locke*는 어떤 새로운 지식을 불러들이기보다는 지식에 이르는 길에 널려 있으며 지식을 추구하는 데 장애가 되는 쓰레기를 제거하려는 소박한 목적을 가지고 출발한다. 그러나 이것을 이행하는 과정에서 그는 인간 정신의 활동을 대담하고 독창적으로 해석하게 되었으며, 우리가 인간 정신에서 기대할 수 있는 것과 얻을 수 있는 것을 새롭게 제한하게 된다.

---

*존 로크(1632~1704): 영국의 철학자. 유물론적 경험론의 창시자. 그에 의하면, 모든 지식과 관념은 감각적 지각과 경험의 소산이다. 이러한 철학적 견해를 내세움에 의해 생득(innate)관념을 내세우는 대륙의 합리론적 관념론과는 완전히 상반되는 입장에 선다.

로크는 우리 지식이 경험으로부터 나오며 경험에 의해 제약받는다고 주장한다. 그러나 이만큼은 새로운 주장이 아니다. 오컴 역시도 추상적 인식의 전제로 경험적(그의 용어로는 직관적) 인식을 요구했으며, 베이컨과 홉스도 지식이 관찰 위에서 이루어져야 한다고 말한다. 그러나 이들이 보편개념의 실재성과 그 선험성을 부정했다고는 해도 보편개념의 존재와 그 용도를 부인한 것은 아니었고, 인간 이성의 객관적 역량을 의심한 것은 아니었다. 이들에게 있어 보편개념은 하나의 추상개념이었고 그것은 인간 이성에 대응하는 객관적이고 보편타당한 인식적 도구였다. 오컴은 유명무실하고 독단적인 사유양식을 거부한다. 왜냐하면 황금과 자만심에의 질병을 가진 교권계급들이 자신들의 이익을 위해 보편개념 속에 가두어 신을 타락시키고 있었기 때문이다. 그러나 오컴은 정신이 적절한 사유양식을 통해 우주에 대해 객관적이고 보편적인 지식을 얻을 수 있다고 생각했다. 영국 경험론이 궁극적으로 비판을 제기한 것은 바로 그러한 가정이었다. 과연 인간 정신이 우주의 참다운 본질을 발견할 역량을 가졌느냐가 이들의 의심이었다. 물론 로크 철학의 탐구가 여기까지 급진적으로 미친 것은 아니었다. 경험론의 이러한 결론은 흄에 이르러 완성되는 것이었다.

두 개의 경험론

경험론이 크게 두 가지로 나뉜다는 사실을 아는 것이 매우 중요하다.

먼저 '유물론적 경험론'. 경험적 인식이 객관적일 수 있다는 입장을 지닐 때 다시 말하면 경험이 객관적 실재를 포착한다는 입장을 지닐 때에는 우리의 인식에서 독립하여 객관적으로 존재하는 세계를 가정할 수밖에 없다. 이것이 유물론적 경험론으로 외부세계의 존재와 그 실체의 객관성을 믿는 베이컨이나 로크나 홉스는 여기에 속한다.

이와는 달리 '관념론적 경험론'은 객관적 실재는 단지 인식자의 감각의 복합물에 지나지 않는다고 생각한다. 이 경우 경험은 결코 객관적 인식을 포착하는 것이 아니고 단지 이러저러한 형식을 지닌 주관적 감각 인식을 지닐 뿐이다. 버클리와 흄은 이러한 입장에 선다.

로크 역시 먼저 중세 유명론자들과 마찬가지로 보편개념(로크 자신의 용어로는 '관념')의 문제에 집중한다. 로크는 우리 관념이 무엇으로 구성되어 있으며 또 어떻게 우리에게 획득되는가를 알 수 있다면 지식의 근거와 한계를 알 수 있고 그 확실성의 정도도 알 수 있으리라고 생각한다. 그는, 우리 지식이 관념에 기초한다고 생각함에 의해서는 전통적인 합리론자들과 의견을 같이하지만, 그것을 획득하는 정신적 경로에 대해서는 그들과 입장을 달리한다. 로크의 관념은 그 기원을 경험에 둔다. 즉, 관념은 경험에 기초한다. 경험은 감각sensation과 숙고reflection를 거쳐 관념을 형성한다. 우리는 감각에 의해 우리 외부의 세계를 경험하고, 이 감각 인식을 숙고함에 의해 우리 정신 내부에 관념을 형성한다. 감각 없이는 숙고도 없고 따라서 관념도 없다. 우리 정신의 활동은 관념이 공급되었을 때 시작하며 이 관념들은 감각에 대한 숙고에서 온다.

로크의 경험론

이렇게 하여 로크는 과거의 철학자들로부터 의심의 여지없이 받아들여지던 '생득관념론(사람은 이미 정신 속에 선험적으로 존재하는 어떤 관념의 집합을 가지고 세상에 나온다는 이론)'을 분쇄한다. 데카르트는 명석판명한 사유를 통해, 외부세계에 대한 경험에 호소함 없이 보편개념을 얻을 수 있다고 생각했다. 로크가 분쇄한 것은 데카르트의 이러한 합리론적 견해였다.

　　로크는 우리에게 가장 확실하다는 믿음을 주는 일련의

관념(데카르트가 자명하다고 말한 관념)조차도 생득적이지 않다는 것을 증명해 나간다. 여기에서 중요한 것은, 로크는 이러한 지식의 확실성을 부정한 것이 아니라 생득성(선천성)을 부정했다는 사실을 이해하는 것이다. 관념들이 우리에게 확실성을 보증해 주는 것은 그것들이 생득적(본유적)이기 때문이 아니라, 우리의 정신이 사물에 대해 숙고함에 의해서라고 로크는 말한다. 로크는 생득관념을 부정한 다음 정신 속에 형성되는 관념의 기원을 경험이라고 논증해 나간다. "정신이 아무런 문자도 관념도 없는 흰 종이라고 가정하자. 그것은 어떻게 채워지는가? 정신이 이성과 지식의 자료를 지니는 것은 언제인가? 나는 여기에 하나의 말로 대답하겠다. 경험으로부터라고."

경험은 감각에 의해 들어온 자료를 숙고함에 의해 관념들을 형성시킨다. 우리 정신의 숙고의 기능은 사유와 회의와 추론 등으로, 감각에서 직접 오는 것이 아닌 모든 관념을 숙고하는 정신을 그 출처로 한다. 감각을 통해 수동적으로 받아들여지는 것은 단순관념simple idea이다. 어떤 대상인가가 우리 감각기관 앞에 놓이면 거기로부터 일련의 단순관념들이 정신 속에 들어온다. 빵이 우리 앞에 놓였다고 가정하자. 그러면 빵을 구성하는 일련의 감각적 관념들, 예를 들면 고유의 냄새와 색깔과 촉각 등이 먼저 우리에게 다가온다. 각각의 관념들은 제각기 분리된 감각 기관을 통해 우리에게 수용된다. 그러나 복합관념 complex idea은 능동적이다. 복합관념을 구성하는 데에 있어서는 정신이 적극적인 역할을 한다. 정신은 단순관념들을 결합하고 분리하고 추상한다. 정신은 단단함과 흰색, 달콤함 등의 관념을 결합시켜 각설탕이라는 복합관념을 구성한다. 거기에 더해 정신은 개별자들로부터 보편관념을 구성하기도 한다.

여기서 중요한 것은, 감각 인식이 우리 지식의 근원이라면 그 감각 인식을 발생시키는 것은 무엇인가 하는 점이다. 인식 대상의 문제가 발생한다. 우리는 어떤 사과로부터 둥글고 붉고 단단한 관념을 얻는다. 이 단순관념의 기원은 무엇인가? 그것은 어디로부터 오는가? 로크는 대상이 성질qualities을 가지고 있다고 한다. 그리고 그것은 "우리 정신에 관념을 생성시키는 대상에 내재된 힘"이라고 정의한다. 예를 들면 사과는 우리의 정신 속에 둥글고 붉고 단단한 관념들을 형성시키는 내재된 힘을 가진다는 것이다. 이 성질들은 제1성질primary qualities과 제2성질secondary qualities로 나뉜다. 제1성질은 실제로 물질에 내재된 것이다. 제1성질은 입체성, 연장, 생김새, 운동, 수 등이다. 이에 대해 제2성질은 우연적인 것이다. 어떤 사과는 우연히 붉은 것이다. 제2성질은 색이나 소리, 맛이나 향기 등을 말한다.

로크는 이러한 성질의 기원으로 실체substance를 가정한다. 그는 어떤 실체가 존재한다는 가정 없이는 어떤 성질들이 관념을 얻을 수는 없다고 주장한다. 누군가가 "무엇이 색 또는 모양을 가지는가?"라고 질문하면 우리는 "견고하고 연장을 가진 그 무엇"이라고 답한다. 그 '견고함과 연장'은 어디에 입각하는가를 물으면 로크는 "'실체'라고 대답하겠다"라고 말한다. 로크는 우리 경험의 근거를 실체에 둔다. 또한 우리 관념에 규칙성과 일관성을 부여하는 힘을 가지고 있는 것도 실체라고 말한다.

로크가 나중에 오는 버클리나 흄과 다른 점은 이러한 실체를 인정한다는 데에 있다. 이것이 그를 '유물론적 경험론자'로 만든다. 그러나 이러한 그의 철학은 이상한 모순 속에 처해 있다. 인식이 오로지 경험에 의한 것이라면 우리가 모르는 그 무엇, 즉 실체에 대해서는 어떠한 경험도 할 수 없기 때문이다.

V
조지 버클리
George Berkeley

주관관념론

영국 국교회의 성직자이며 철학자인 버클리가 로크의 애매한
실체를 공격한 것은 날카롭고 재기 넘치는 그의 통찰력을 무기
로 해서였다. 그는 로크 철학의 약점을 올바르게 파악하고 있
었다. 그는 성직자로서 철학적 유물론을 분쇄하기 위해 일단
전면적이고 급진적인 경험론을 불러들인다. 그러나 그의 철학
은 결국 전통적인 신앙을 불러들이기 위해서였다. 그의 본래
적인 의도를 먼저 이해하고 다음으로 그가 행한 방법론적 경험
론의 논리를 이해하는 것은 매우 중요하다. 조지 버클리George
Berkeley*의 철학에서 신앙을 제거했을 때 그것이 흄의 출발점
이기 때문이다.

버클리는 "실체란 우리가 모르는 그 무엇"이라는 로크에게 "실체는 아무것도 아니다"라고 대응한다. 로크는 실체는 정신에 의존하지 않는 객체라고 가정한다. 그러나 버클리는 "실체가 정신의 소산이거나, 정신 이외에 다른 실체는 없거나"라고 말한다. 사과를 예로 들면, 그것은 둥글고 단단하고 붉고 고유의 향기가 난다. 사과로부터 오는 모든 관념의 근거는 지각된다는 데에 있다. 이러한 관념 외에 로크가 실체라고 가정하는 다른 관념들은 지각되지 않는다. 따라서 사과는 우리의 지각, 즉 감각의 복합체 외에 아무것도 아니다.

버클리는 우리가 공간성, 즉 연장성이라고 말하는 로크의 제1성질도 단지 감각경험일 뿐이라고 말한다. 우리가 사물들을 여러 시각에서 바라볼 때 우리는 단지 그 사물들에 대한 여러 가지 시(視)지각만을 가질 뿐이다. 로크는 추상을 개별 현상으로부터 일반적 성질을 추출해 내는 정신활동으로 이해했다. 그리고 그 일반관념들은 우리 사유의 기호로서 믿을 수 있는 것이라고 생각했다. 그러나 버클리는 일반관념, 즉 추상관

＊조지 버클리(1685~1753): 영국 철학자. 영국 국교회 감독. 주관관념론의 창시자. 그는 로크의 유물론을 신앙의 장애물로 보았다. 그의 경험론의 결론은 '존재는 곧 지각된다는 것'이었다. 그러나 이러한 결론하에서의 회의주의를 피하기 위해서는 신을 가정할 수밖에 없다는 식으로 신을 다시 불러들인다.

념이나 실체나 공간의 관념이 지각될 수 없다고 말하며 로크의 이론을 거부한다. 개별자들은 객관적이거나 실제적 존재를 갖지 못한다. 그것은 단지 우리 감각의 다발 이외에 아무것도 아니다. 그는 "존재란 지각되는 것Esse est percipi"이라고 말하며 모든 것을 우리 지각으로 환원시킨다. 사물은 그것을 지각하는 정신이나 사유하는 존재 외부에서 독립적 존재를 갖지 못한다. "감각은 의식과 외부세계(이를테면 실체)를 연결하는 선이 아니라 차단벽, 곧 의식을 외부세계와 분리하는 벽이 된다. 감각은 그것에 대응하는 외부세계의 모상이 아니라 유일하게 존재하는 그 무엇이다."

이와 같이 사물의 존재를 그것의 시지각으로 환원시키면 그것이 지각되지 않을 때에 그 존재는 어떻게 되느냐의 문제가 발생한다. 그러나 이 문제는 '존재한다'는 언명에 대한 선결 문제 해결의 도구를 가진다. 즉, 존재의 의미를 우리가 어떻게 이해하느냐를 먼저 해결해야 한다. 내가 의자에 앉아 있을 경우에 나는 그 의자를 지각하고 그 의자는 존재한다. 그러나 내가 방에서 나올 때에는 의자의 존재는 과거 사실이 된다. 버클리는 의자가 더 이상 존재하지 않는다고 말하지 않는다. 단지 그가 말하는 것은, 내가 감각하고 있는 한 존재하는 것이지만 내가 더 이상 감각하지 않을 때 내가 그 존재를 확신할 어떤 근거도 없다는 것이다.

정신의 여러 활동을 생각하고 또한 관념과 외부 대상들이 어떻게 연계되는가를 고심하면 고심할수록 관념으로부터 독립하여 존재하는 외부대상들은 없다는 확신이 든다고 버클리는 고백한다. "확실히 우리는 우리가 감각하고 있지 않은 사물들을 상상하며 그 사물의 존재를 확신한다. 우리의 모든 추억의 근거도 이것이다. 그러나 이것들은 그것들에 대해 형성한 마음속의 관념이지 그것 자체는 아닌 것이다. 우리 지각을 벗어난 영역에는 무엇도 존재하지 않는다."

이러한 인식론에 기초하여 버클리는 실체개념을 공격해 나간다. 로크는 실체가 우리가 감각하는 성질들의 토대를 이루거나 그 토대 자체라고 말한다. "나는 물질적인 토대를 가져야 한다고 생각한다. 그것 없이는 감각적 성질은 존재하지 않는다"라고 주장하는 로크에 대해 버클리는 "나는 문자 그대로이건 그렇지 않건 당신이 토대라는 말로 이해하고 있는 것이 어떠한 것인지 알고 싶다"라고 공격한다.

이제 버클리는 중요한 결론으로 나아간다. "사유 아닌 물질들의 존재는 무의미"라는 것이다. 절대적 존재는 사유하는 그 주체일 수는 있어도 사유되는 대상은 그 사유로부터 벗어나자마자 그 존재가 없어진다. 그러나 이것은 사물이 실체를 소유하지 않는다는 것을 의미하지는 않는다. 그가 거듭 말하는 것은 감각 대상이 되는 사물들은 지각되는 한에서만 존재한다는 것이다. 결국 그가 부정하는 것은 우리 사유로부터 벗어나 독립적이고 절대적으로 존재하는 외부 대상인 것이다. 그는 절대적 유물론이 결국 신의 존재를 부정하고 신앙을 파괴해 가는 것을 막기 위해 우리가 물질세계에 부여하는 신뢰를 분쇄하고 사유하는 주체인 정신을 내세우고자 한다.

근세의 세계에 대한 태도는 이원론을 근간으로 한다. 독자적이고 실증적으로 존재하는 자연세계가 있고 그 법칙성은 우리에게 알려져 있다. 이러한 근대적 유물론에서 신이 존재할 수 있는 영역은 없다. 버클리는 외부세계의 확실성과 그 자연과학적 신념에 대한 의문을 제기함으로 과거의 신을 다시 불러들이고자 한다. 그의 신앙이 아니라, 그 신앙을 불러들이기 위해 그가 구사한 논증이 결국 흄을 거쳐 현대의 철학을 불러들이게 된다.

버클리가 과학과 그 도구인 추상관념에 대해 공격할 때 우리는 그에게서 거의 경험비판론에 육박하는 명석성을 본다.

과학자들이 보편적이거나 추상적 용어들을 마치 자연에 존재하는 근본적 실체를 나타내는 것처럼 사용하는 것은 잘못이라고 버클리는 말한다. 실체는 단지 추상관념인바, 추상관념은 감각 인식상에 없기 때문이다. 과학자들은 공간, 시간, 힘, 중력 등의 추상용어를 사용하면서 마치 그것들이 독립적 사물인 것처럼 말하지만, 사실상 그 추상용어들은 단순히 사물들의 행동에 대한 우리 감각의 기술에 지나지 않으며, 우리 감각과 숙고가 우리에게 주는 것 이상을 주지는 못한다. 버클리는 과학적 언어가 무엇에 대한 것인가를 분명히 하고자 한다. 힘, 중력, 인과율 등의 개념들은 우리의 정신이 감각 경험으로 얻어 낸 관념 이상의 것이 아니고 그렇기 때문에 그 실체를 가정할 수도 없다. 우리가 아는 지식은 모두 개별적 경험들뿐이다. 우리는 A 뒤에 B가 일어나는 일종의 질서를 경험한다. 과학은 우리에게 물질의 작용 양태에 대해 말해 주고 우리는 거기에서 역학적 원리를 찾아낸다. 그러나 거기에 어떤 실체가 있는 것은 아니다.

반전; 다시 중세로

그러나 버클리의 이러한 위대한 인식론적 통찰이 사실은 과거의 신을 다시 불러들이고자 하는 의도였다는 것이 곧 드러난다. 외부세계의 실재와 그 과학적 규칙성에 대한 그의 공격은 결국 인간이 인식할 수 있는 것의 한계를 지어 주고 신의 존재를 증명하기 위한 것이었다. "사물들은 내 정신의 외부에 존재를 가진다. 왜냐하면 나는 경험에 의해 사물들이 나의 정신으로부터 독립해 있다는 것을 알기 때문이다. …… 내가 그것들을 지각하고 있지 않을 때에도 그것들이 존재하기 위해서는 내가 아닌 다른 정신이 있어야 한다. 모든 사물들을 인식하고 있으며 자신의 원칙에 따라 그 사물들이 우리 시야에 들어오게 하는 전능하고 영원한 정신이 존재한다." 사물들의 존재는 신의 존재에 귀속되며 신은 자연의 사물들의 질서의 원인이다.

유한한 정신(인간의 정신) 위에 무한한 신의 정신이 존재한다. 자연의 관념과 질서는 신의 관념과 질서로부터 온 것이다. 인간은 신의 관념을 전달받아 자연세계에 사물이 존재하는 것도 확신할 수 있고 그 규칙성도 확신할 수 있다. 그러므로 우리가 일상에서 지각하는 사물들은 유물론적 실체라고 부르는 것에 의해서가 아니라 신에 의해 생기는 것이다. 우리로 하여금 자연의 법칙에 따라 사유할 수 있게 해 주는 경험에 규칙성이 있는 것은 분명하다. 이것 역시 유한한 정신 속에 있는 경험을 조정하고 배열하는 신에 의해서이다. 신의 정신 속에 있는 관념들의 규칙적인 배열이 신의 정신과 유한한 정신 간의 차이를 고려하여 인간의 유한한 정신 속에 심어진다. 이것이 곧 자연과학의 법칙들이다. 따라서 궁극적인 실체는 물질적인 것이 아니라 정신적인 것이며, 이 정신이 곧 신이다.

버클리는 우리가 인과율에 대해 통찰할 수 있음을 부정한 것이 아니다. 그가 부정한 것은 먼저 감각 자료가 인과율이라는 실체의 근원이 될 수 있다는 것이고, 다음으로 이러한 것들이 신을 배제한 외부 사물과 인간 정신의 조응에 의한 것이라는 주장이었다. 결국 인과율의 기원은 신이다. 이것이 버클리 철학의 근본 동기였다. 그는 이를테면 일종의 세련된 협박을 가한 것이다. 인식론적 연구에 의하면 인간의 보편적 신념과 확실성은 어디에도 존재할 수 없다. 그러나 그러한 확실성들이 신으로부터 온 것이라고 가정한다면 세계는 다시 통합될 수 있다. 즉, 우리는 신 없이 회의주의에 빠져들거나, 신과 더불어 확고하고 자신감 넘치는 삶을 사느냐였다. 흄은 전자를 택한다. 아마도 흄은 신이야말로 로크의 실체에 못지않은 심각한 독단이라고 생각했을 것이다.

버클리는 철학사에 있어서 일종의 간주곡이었다. 그는

신을 토대로 다시 세계의 총체적 정합성을 제시할 수 있었다. 그러나 다음 시대는 버클리의 철학에서 신을 제거한다. 다음 시대는 신 없이 살아가기를 택한 것이고 세계는 다시 한 번 심각한 해체를 겪게 될 것이었다. 버클리는 관념적 경험론의 기원이다. 그는 로크가 실체라고 말하는 그 자리에 관념을 가져다 놓는다. 그 관념론은 급진적인 것이었다. 로크는 지식이 경험을 기초로 한다고 하며 경험론을 도입하며, 다른 한편으로 감각과는 관련 없는 실체라는 애매함을 도입한다. 이러한 유물론적 경험론에 입각하면 신의 자리는 없다. 버클리는 로크의 경험론을 더욱 밀고 나가 로크의 논리에 의하면 회의주의 외에는 남는 것이 없다는 것을 보여 준 다음, 완전한 반전을 도입한다. 신이 모든 것을 해결해 줄 수 있고 우리는 다시 한 번 통일되고 확고한 세계 속에서 살 수 있다고 말하는 것이다.

　　버클리의 다음 시대에 미친 영향력은 매우 크고 지속적인 것이었다. 그러나 그의 관념적 신이 아니라 그의 급진적 경험론이 그 영향력의 주인이었다. 그의 경험론은, 인간 정신은 언제나 개별적이고 감각적인 경험에만 대응하고 우리가 아는 추상관념은 이러한 경험에서 추론된 것으로 거기에는 어떤 대응하는 실체도 없다는 것으로 요약된다. 그의 경험론의 바로 이런 국면이 흄과 현대철학에 결정적인 영향을 미친다. 그는 로크가 그의 전제로부터 물질적 대상의 존재를 믿을 만한 아무런 근거도 제시하지 않았다는 사실을 폭로한다. 그가 주장한 것은, 물리적 대상이 뉴턴과 로크의 방식대로 그것에 대한 우리의 지각으로부터 독립하여 존재한다는 것이라면 그것은 사실상 객관적 대상물이기는커녕 단지 우리 감각 다발 외에 아무 것도 아니라는 사실이었다. 뉴턴의 물리학에서는, 우리의 세계의 시작은 신의 힘을 빌렸다 해도 어쨌든 현재의 운행은 독자적인 것이라고 가정한다. 이것은 하나의 객관적인 기계장치이고 우리는 거기에 숨어 있는 기계적 법칙을 밝힐 수 있고 또 뉴턴은 그것을 밝혔다. 여기에 신을 위한 자리는 없다. 버클리는 근대철학의 바로 이러한 측면을 받아들일 수 없었다. 그는 기계장치도 또 기계장치의 작동원리도 모두 우리 감각의 다발 외에 아무것도 아니라는 사실을 먼저 밝혔다. 버클리에 의하면, 만약 우리가 우주에 대한 근대의 성취를 계속 견지할 것이라면 그 주체로서의 신을 가정해야만 하는 것이었다.

VI
데이비드 흄
David Hume

목적

흄은 버클리로부터 신을 제거시키고 출발한다. 즉, 버클리의 반전을 인정하지 않는다. 그는 버클리를 반박한다. 버클리는 객관적 물질을 제거했으나 신으로부터 비롯된 관념을 도입했다고 논박한다. 즉, 신이 우리에게 사물을 추상화하고 질서를 찾아낼 수 있는 영혼을 부여한다는 것을 논박한다. 흄은, 우리가 물질적 실체의 존재를 믿을 이유가 없는 것처럼, 시간의 흐름 속에서 그 동질성identity을 유지하는 정신의 존재도 믿을 이유가 없다고 주장한다.

로크와 버클리 둘은 인과율의 개념을 의심하지 않았다. 로크는 물리적 대상들 사이에 유지되는 힘의 관계로서 인과관계를 해석하고 버클리는 신으로부터 부여되어 우리 정신 안에 존재하게 된 것으로서 인과율을 해석한다. 흄은 나름의 전제하에 인과율을 분석하고, 로크의 '어떤 힘'이나 버클리의 '신에게서 위촉받은 마음의 작용' 등은 하나의 신화에 지나지 않는다고 주장한다. 서로 다른 사건들 사이에 존재하는 필연적인 연결이란 있을 수 없으며, 존재하는 것은 외적 대상을 지니지 않고 또 그것이 속할 지속적 주체도 지니지 않은 채 흘러가 버리는 '지각' 뿐이었다.

흄이 가장 관심을 기울인 것은 '인간 오성human understanding의 본질'이었다. '어려운 문제', 즉 형이상학적 문제에 대해 일치하지 않은 의견을 해결하기 위한 유일한 방법은 "인간 오성의 본질에 관해 심각하게 탐구하는 것이고, 오성의 힘과 능력에 대해 엄밀하게 분석함으로써 오성이 그러한 난해한 주제들의 해결에 대해 결코 적합하지 않다는 사실을 보여 주는 것"이라고 그는 말한다. 흄의 인식론의 목적이 이와 같다는 사실로 미루어, 그는 소피스트적 계몽주의자였으며, 심리적 폭로주의자였던 것 같다.

그는 모든 문제가 인간에 관한 문제이며 인간이야말로 만물의 척도라고 말한다. "많은 학문은 많든 적든 인간의 본성과 관련을 맺고 있고, 학문 가운데 인간성으로부터 멀리 떨어져 있는 것처럼 보이는 것이 있다 하더라도 역시 어떤 길인가를 밟아 인간 본성으로 되돌아온다." 결국 우주에 관한 모든 탐구의 끝에 우리가 발견한 것은 우리 얼굴뿐이라는 사실이 그가 말하고자 하는 바였다.

계몽주의

이러한 점에서 그는 당시의 계몽주의의 이념을 백과전서파와 공유하고 있다. 형이상학적 독단에 대한 혐오, 종교적 권위에 대한 의구심, 지성의 가능성보다는 그 한계에 기울이는 관심, 상대주의적 윤리학의 옹호 등에서 그는 계몽주의의 이념을 공유했을 뿐만 아니라 스스로가 선도적인 계몽주의자였다. 흄은 자기 자신의 철학이 형이상학적 독단을 제거하기 위한 것이라는 사실을 분명히 한다. 그가 '난해한 철학과 형이상학적 허튼소리'에 대해 언급할 때 우리는 비트겐슈타인이 '말해질 수 없는 것What cannot be said'에 대해 말하는 것과 동일한 것을 말하고 있다는 사실을 알 수 있으며, 이 두 사람 모두 계몽적 사고방식을 가지고 있다는 사실을 알 수 있다.

흄을 이해하고 또한 계몽적 사고 아래에서 세상은 어떻게 그 통합성을 잃는가를 이해하기 위해서는 먼저 18세기의 계몽주의가 어떠한 것이었는가를 알 필요가 있다.

먼저 계몽주의는 초자연적 존재를 거부한다. 즉, 신을 우리 세계의 바깥으로 밀어낸다. 이제 세계는 자신감으로 도취된다. 뉴턴이 물질과 행성의 운동을 명석하고 우아하게 처리하자, 자연을 지배하는 것은 신의 자의가 아니라 정해진 운동법칙(인간이 찾아내고 이해할 수 있는)이라는 신념이 당연한 논리적 귀결로 따라 나온다. 따라서 계몽사상가들은 신의 기적에 대한 믿음을 완강하게 거부하며 계시적 종교를 과학과는 대립되는 것으로 간주한다. 신은 존재하지만 일단 완벽한 우주를 창조한 다음에 더는 우주의 운행에 개입하지 않는다. 신은 '성스러운 시계공'으로서 태초에 완벽한 시계를 만들고는, 다시 말하면 '태초에 손가락을 튕기고는' 물러난 것이다. 이들 대다수는 여전히 전통적인 교회에 출석했다. 그러나 그들은 종교의식의 효용성에 의문을 제기했고(왜냐하면 신은 이제 물러났으므로) 종교적 불관용에 대해서도 강력히 항의했다.

계몽주의의 두 번째 이념은 과학적 방법에 대한 확신이다. 계몽주의자들은 과학적 방법이야 말로 모든 탐구에 유일하게 유효한 것이라고 생각했다. 그들에게 과학적 방법이란, 통상 일반 법칙에 도달하기 위해 개별 현상들을 객관적이고 경험적으로 관찰하는 양식을 의미했다. 뉴턴 물리학이 이룩한 확고한 업적을 고려하면, 1700년 무렵 모든 자연현상을 연구하는 데에 과학적 방법을 적용하려는 열기가 서부 유럽을 휩쓸었다는 사실은 놀랍지 않다. 계몽사상가들은 인간세계도 곧 과학적 방법으로 이해될 수 있으리라고 생각했고 인간의 형이상학적, 사회적 삶을 전체적으로 해명해 줄 과학의 '자연법(뉴턴의 만유인력)'에 해당하는 사회적 법칙이 곧 발견되리라고 믿었다. 흄 역시 자기 철학을 새로 도입된 과학적 방법론이라는 토대 위에 놓고자 한다. 그는 감각 인식과 경험, 그리고 검증을 철학적 인식론의 중요한 요소로 도입한다.

세 번째로 중요한 계몽주의의 이념은 교육에 의한 인간 개선의 신념이다. 계몽주의자들은 인간이 지니고 태어난다는 생득관념에 대한 믿음을 폐기하면서 "모든 지식은 경험으로부터"라고 주장한다. 오성은 백지와 같아서 사물이 경험되면서 거기에 무엇인가 기록되기 시작한다. 이러한 관점하에서 계몽 사상가들은 환경과 교육이 모든 것을 결정짓는다고 결론짓는다. 모든 인간은 교육을 통해 끝없이 진보해 나갈 수 있으며, 이에 따라 세계 역시 무한히 진보해 나갈 수 있는 것이었다.

보편개념의 형성

이러한 세계관적 배경하에서, 흄은 다음과 같은 질문으로 그의 인식론을 전개시켜 나간다. 인식 과정에서 마음에 제공되는 것은 무엇인가? 여기에 대해 흄은 물질이 '인상impression과 관념idea'이라는 두 범주의 지각으로 이루어진다고 답한다. 인간의 사유가 상상을 통해 끝없이 펼쳐지고 인간은 그 사유를 한껏 누리는 것처럼 보여도, 사실상 그 사유는 매우 좁은 한계 내에 갇힌다. 정신의 내용은 각각 경험에 의해 우리에게 제시된 물질들로 환원되는바, 흄은 이 물질을 '지각perception'이라고 부른다. 이 지각이 인상과 관념이라는 두 가지 형태를 가진다. 사유의 최초의 재료는 인상이고 관념은 인상의 모사이다. 그 둘은 '생생함vividness'에서 차이난다. 우리가 지각할 때 최초로 우리에게 다가오는 것은 인상이다. 그것은 생생하고 선명하다. 이러한 인상들에 대한 숙고에 의해 관념이 생긴다. 그것들은 원래의 인상보다 덜 생생한 일종의 영상이 된다. 고통을 느끼는 것은 하나의 인상이지만, 이 고통에 대한 기억은 하나의 관념이다.

인상 없이는 관념도 없다. 물론 인상 없는 관념이 있긴 하다. 날개가 달린 말이라든가 키메라chimera* 등의. 그러나 이러한 관념들은 감각 경험에 의해 우리에게 제공되는 인상들을 혼합, 전치, 확장, 축소함으로써 얻어지는 허구물이다. 우리가 하늘을 나는 말이라는 관념을 마음에 품을 때 우리의 상상은 두 가지 관념, 곧 날개와 말을 혼합한다. 날개와 말은 우리의 감각 인상을 통해 획득되는 관념이다. 그러므로 어떤 형이상학적 술어의 진리값이 의심스러우면 우리는 그 가상된 관념이 어떤 인상에서 나오는가를 따져 보아야 한다. 그 관념이 어떤 인상으로부터 나왔는지 확인할 수 없다면 이것은 의심을 확증해 주는 것이다. 흄은 신에 대해 우리가 품고 있는 관념에도 이러한 방법을 적용하여, 신의 관념이 생겨나는 것은 인간들 사이에서 경험하는 선과 지혜의 성질들을 무한대로 증진시키는 우리 정신 작용에 의한 것이라고 결론 내린다.

인과율

흄의 독창성이 빛을 발하는 것은 그가 인과율the law of causality

---

*키메라: 하나의 생물체 속에 유전자형이 다른 조직이 서로 접속하여 존재하는 형상.

의 본질을 캐 나갈 때이다. 흄이 인과의 개념이 지식에 대한 신념에서 가장 중요한 것이며 동시에 모든 과학의 가장 중요한 기초라고 파악한 것은 정확하고 날카로운 통찰이었다. 우리의 모든 지식은 인과율의 형태로 나타난다. 함수function는 수학세계에서 근본적인 중요성을 가지고 있다. 사실상 그것은 인과율이기 때문이다. 독립변수 x가 어떤 작용인가를 거쳐 y라는 종속변수를 산출한다. 여기서 x는 원인이고 y는 결과이다. 일상적 삶이나 학문적 탐구에서나 판단이나 명제는 사실상 모두 인과율이다. 예를 들면 '지구는 태양을 돈다'라는 명제는 지구라는 원인과 '돈다'고 하는 결과를 묶는 하나의 인과율이고 '천둥이 치면 대체로 비가 온다'라는 일상적인 판단 역시 천둥이라는 원인과 강우라는 결과를 인과관계로 묶는 것이다. 심지어는 '1+3=4'라는 가장 단순한 셈도 1+3이라는 원인과 4라는 결과를 묶는 것이다. 우리 지식은 모두 인과율의 형태로 나타나기 때문에 우리 지식의 확실성이 어디에 기초해 있는가를 알기 위해서는 인과율의 기원을 알면 된다. 흄은 "사실의 내용들에 대한 모든 추론은 원인과 결과의 관계에 근거해 있다는 것, 그리고 원인과 결과가 서로 연결되지 않는다면 우리가 한 대상의 존재를 다른 대상의 존재에서 추론해 낼 수 없다는 것은 분명하다. 그러므로 우리는 이러한 추론 등을 이해하기 위해 원인에 대한 관념을 완벽하게 알아야 한다"라고 말한다.

　흄은 빵을 예로 든다. 그는, 우리의 감각은 우리에게 빵의 색과 무게와 밀도 등을 알려 주지만 감각도 이성도 인간 신체에 영양을 제공하는 빵의 성질에 대해서는 알려 주지 않는다고 말한다. 그러나 우리는 비슷한 감각적 특질을 보게 되면 그것이 앞선 것과 비슷한 내재적 힘(영양)을 가지고 있을 것이라고 가정하고, 우리가 경험한 결과와 유사한 결과가 다시 나올 것이라고 예상한다. 전에 먹은 것과 색과 냄새와 모양이 비슷한 물체가 제시되면, 우리는 서슴없이 유사한 영양을 예견한다. 이것이 일상적인 인간 사유와 추론의 과정이지만 흄은 이 판단의 확실성과 보편성을 의심한다. 감각적 성질과 그 내재된 힘(영양)을 묶어 줄 근거는 우리의 습관 이외에는 없다. 그러나 습관이 보편성과 항구성을 보증할 수는 없는 노릇이다. 과거의 경험에 있어서는 경험된 어떤 대상에 대해 그것이 인식되는 그 시간만큼 직접적이고 확고한 정보가 제공된다. 왜냐하면 그것은 내게 하나의 직접적인 감각인상으로 다가왔기 때문이다. 그러나 이 경험이 비슷한 감각 인식을 주는 다른 대상에 그리고 미래 시점까지 확장될 이유는 없는 것이다.

전에 먹은 빵은 영양을 주었다. 어떤 감각적 특질을 가진 물체가 어떤 내재된 힘을 가지고 있었다. 그러나 과거의 그 경험으로부터 다른 빵이 다른 시각에 내게 동일한 영양을 준다는 것, 내재적 힘이 유사한 감각적 성질을 동반할 것이라는 결론은 나오지 않는다. "나는 어떤 결과가 항상 어떤 대상에 동반했다는 사실을 발견했다"라는 언명과 "외견상 비슷한 다른 대상에도 동일한 결과가 동반된다는 것을 나는 예견한다"라는 언명은 절대로 같지 않다. 사실 후자의 언명은 전자의 언명으로부터 추론되었다. 그러나 근거가 없는 것은 이 추론이다.

그럼에도 우리의 정신 속에 인과율이 생기는 것은 왜일까? 인과율의 관념은 우리가 대상 간의 어떤 '관계'를 경험할 때 생겨난다. 우리는 "A가 B의 원인이다"라고 말한다. 이것은 A와 B의 어떤 관계를 말하는 것일까? 이에 대해 흄은 세 가지의 관계를 지적한다. 그중 첫 번째가 '근접의 관계'이다 A와 B는 항상 가까이 있다. 둘째는 '시간의 선행성'이다. A가 B보다 먼저 발생한다. 셋째는 A와 B의 '일정한 결합'이다. 여기에 다른 하나가 끼어든다. 그것은 이 세 관계의 '필연성'이다. 그러나 문제는 근접도, 선후성도, 일정한 결합도 필연적 관계를 함축하지는 않는다는 것이다.

물론 필연적 관계를 천부적 원리로 요구하는 지식도 있다. 그것은 '논증적demonstrative 지식'이라고 흄이 이름 붙인 것으로, 예를 들면 수학적 지식은 여기에 든다. 기하학적 논증에서 인과는 '필연적' 관계이다. 흄은 경험에서 독립하여 존재하는 수학적이고 논리적인 지식에서는 직관적이고 논증적인 확실성을 주장한다. 그러한 지식은 "세계 내의 어떤 존재에 의존하지 않는 채로 사유의 순수한 활동을 통해 발견될 수 있다"라고 그는 말한다. 이러한 지식은 이를테면 칸트식 용어로는 '분석적 선험지식analytic a priori knowledge'에 해당되는 것이다. 이것은 일종의 항진명제tautology로서 원인 속에 이미 결과가 내재해 있다. 예를 들면 "삼각형은 세 각을 지닌다"라는 언명의 경우, 삼각형이라는 원인(주부) 속에 이미 세 각(술부)이라는 결과가 내포되어 있다. 이러한 경우가 아닌 경우, 즉 사실 문제matter of fact의 경우에는 우리가 각 대상(원인)을 생각할 때 그것이 또 다른 물체(결과)의 존재를 내포하는 경우는 없다고 흄은 말한다. 산소를 아무리 주의 깊게 들여다본다고 해도 수소와 혼합될 때 그것이 물이 되리라고는 누구도 예측할 수 없다. 이것을 알기 위해서는 그 둘을 함께 경험해야 한다. 결국 한 대상의 존재를 다른 대상으로부터 추론하기 위해서는 경험이 필수적이다. 우리는 근접과 시간적 선후와 일정한 결합의 인상impression을 가진다. 그러나 어디에도 '필연적 관계'의 인상은 없다. 그러므로 인과율the law of causality은 우리가 관찰하는 대상 속의 성질이 아니다. 이것은 예증에 대한 경험의 반복에 의해 우리 정신 속에 생겨나는 '연상의 습관habit of association'이다.

"이 원리는 '관습' 또는 '습관'이다. 두 대상들이 계속 결합하는 것을 보고는 둘 중 하나가 나타나면 다른 하나도 나타나리라고 오직 습관에 의해 예상하게 된다고 주장한다면, 비록 그것이 진리는 아니라 하더라도 여기에서 수긍할 만한 명제에 도달했다는 사실에는 의심의 여지가 없다. 습관은 인간 삶의 위대한 안내자이다. 경험을 유용하게 쓰도록 해 주며, 과거에 발생한 것과 유사한 인과관계가 미래에도 일어날 것이라고 예상하게 해 주는 유일한 원리는 바로 그 습관이다. 습관이 도움을 주지 않는다면 직접적으로 우리의 감각과 기억에 주어진 것을 넘어서 어떤 사태에 대해서도 전적으로 무지할 수밖에 없다."

실체

흄이 다음으로 관심을 기울인 문제는 외부 대상의 실존 유무이다. 로크는 물체의 실재성을 믿는다. 실체가 감각 인상에 대한 외부적 원인이다. 흄은 이 질문에 대해 그 중심을 이동시킨다. 흄은 "대상이 감각에 나타나지 않을 때에도 왜 그 대상을 우리는 지속적인 존재로 여기는가?"라고 한편으로 물으며, 다른 한편으로 "왜 우리는 그 대상을 마음으로부터 분리된 존재라고 여기는가?"라고 묻는다. 다시 말하자면 흄은 유물론적 존재론의 신념은 어디에서 생기는가를 묻는다. 그는 두 질문 중 하나의 질문에 답하는 것이 곧 다른 하나의 질문에 답하는 것이 될 것이라는 의미에서 이 질문들을 상호의존적인 것으로 다룬다. 경험론적 입장을 끝까지 밀고 나갈 경우, 감각 인상은 감각 인상이 일어나는 지각 조건들과 분리될 수 없다는 것은 논리적으로 참일 수밖에 없다. 직접적으로 감각 인식에 나타난 대상은 단지 순간적인 존재만을 갖는다. 대상은 인식자의 육체적 조건에 의존한다.

여기에서 중요한 것은, 흄은 사물이 우리 외부에 독립적이고 지속적인 실체로서 존재하지 않는다고 말하는 것은 아니다. 그가 말하고자 하는 것은 우리가 그렇게 믿을 어떤 정당성도 없다는 사실이다. 흄은, 인간 조건에 입각했을 때 우리가 과연 외부 존재의 실체를 주장할 근거가 있느냐는 것을 따지고 있다. 우리는 눈앞에서 독서용 전등을 본다. 그러나 우리가 보는 것은 그것의 시각적 형태일 뿐이다. 중요한 것은 이러한 시각적 형태로부터 그 대상이 만져질 수 있다는 것, 다른 관찰자도 그 것을 볼 수 있으리라는 것, 지각되지 않는다 해도 그것이 계속 존재한다는 것, 그것이 빛의 원천이라는 것 등은 전혀 연역되지 않는다는 것이다. 우리에게 다가오는 것은 단지 시각적 형태뿐 이며, 나머지는 모두 추론이다. 우리는 상식적으로 외부 사물들 의 존재를 믿는다. 그러나 우리가 "우리의 관념이란 단지 인상 의 모사"라는 언명을 진지하게 받아들인다면, 우리는 단지 우 리의 인상만을 알고 있다는 결론에 도달한다. 인상은 단지 주관 적 상태이지 외부 실재에 대한 어떠한 증명도 아니다. 우리는 실재적인 사물들이 존재한다는 사실을 당연한 것으로 여긴다. 어떤 근거로?

우리 감각은 사물들이 우리로부터 독립적으로 존재한다 는 사실을 말해 주지 않는다. 감각은 우리에게 단지 인상만을 줄 뿐이지 인상을 넘어서는 그 무엇도 주지 않기 때문이다. 우 리 정신은 인상이나 관념을 넘어서지 못한다. "우리의 상상으 로 천상까지 혹은 우주의 가장 먼 경계까지 가 보자. 우리는 우 리의 자아를 넘어서서는 한 발자국도 나아가지 못한다. 이것이

상상의 우주이며, 우리는 거기에서 이루어진 것 외에 어떠한 관념도 가질 수 없다." 그럼에도 불구하고 우리는 외부 사물의 존재를 믿는다.

흄은, 외부 실재에 대한 우리의 믿음은 우리의 상상이 인상의 두 가지 특성으로부터 멋대로 얻어 낸 것이라고 말한다. 우리의 상상은 인상에서 '항상성'과 '일관성'을 배운다. 우리가 어떤 지속적 존재를 부여하는 모든 대상들에는 인상과는 구별되는 어떤 특별한 항상성이 있다고 흄은 말한다. 눈앞에 보이는 산과 집과 나무는 항상 같은 모습으로 나타난다. 눈을 감거나 고개를 돌려 잠시 그것들을 보지 않는다 해도 그것들은 내가 기억하는 한 조금도 변하지 않은 채로 다시 나타난다. 침대와 책상, 책과 종이는 한결같이 똑같은 모양으로 나타나며 내가 그것들을 보거나 지각하지 않더라도 그것들은 변하지 않는다. 이와 같은 항상성이 우리로 하여금 외부 존재의 실재를 믿게 한다. 계기적인 인상들 사이의 밀접한 닮음, 동일한 내적 닮음을 나타내는 일련의 동일한 구성요소, 그 인상들의 분명하고 동일한 공간적 관계 등은 우리로 하여금 그 계기적인 인상들을 동일시하도록 이끌며 실제 그것들 사이에 나타나는 중단을 무시하게 만든다. 그 결과 그것들은, 우리의 상상 속에서 하나의 '지속적인 사물'로 대치되는데, 그리하여 우리는 그것들을 지각하고 있지 않을 때에도 존재하는 것으로 여기게 된다. 그러나 흄은 어떤 사물이 지각되지 않고 존속한다는 것은 전적으로 거짓이며, 따라서 중단되었던 지각들이 동일할 수 있다는 것도 거짓이라고 주장한다. 만약 지각이 지속적인 존재를 가진다면 지각은 판명한 존재이지만 나중에 흄은 지각 역시도 판명한 존재는 아니라는 것을 '자아'에 대한 연구를 통해 또 다시 밝힌다.

자아

흄은 항상성이 상상을 자극하여 인상들을 지속적인 대상들로 바꾸게 하는 데 근원적인 역할을 한다고 보았지만 어떤 경우에는 항상성보다는 '일관성'이 더 큰 역할을 한다고 말한다. 내가 방을 떠나기 전에 불 위에 통나무를 올려놓았다면, 다시 돌아왔을 때 그것은 거의 재로 변해 있다. 비슷한 상황에서는 항상 이러한 변화가 있어 왔다. 변화 속에 있는 이 일관성은 외부 대상들의 특성들 가운데 하나이다. 독서용 전등에는 우리 인상들의 '항상성'이 있고, 불은 우리 인상에 변화의 일관성을 제시한다. 이러한 이유로 상상에 의해 우리는 어떤 사물들이 우리 외부에 독립적인 존재를 가지고 있다고 믿는다. 그러나 믿음은 믿음일 뿐이지 합리적 논증은 아니다. 결국 우리의 인상이 사물과 연관되어 있다는 가설은 추론상 어떠한 근거도 없기 때문이다.

　　이러한 회의주의적 근거 아래 흄은 '인격의 동일성'으로 전통적으로 정의되어 온 자아에 대해 탐구해 나간다. 흄이 자아의 동질성이 허구라고 말할 때에는, 그는 우리가 선험적이라고 가정하는 동일성, 곧 하나의 단일하고 불변하는 존재로서의 동질성을 부인하고 있는 것이다. 그는 개별적인 여러 경험들에 의해 축적되어 온 기억의 집합으로서의 동질적 자아를 부정하는 것은 아니다. 흄은 진정한 동일성이라는 의미의 자아라는 관념은 우리에게 없다고 말한다. 흄은 "자아라는 관념은 어느 인상으로부터 도출되는가?"라고 질문함으로써 자아가 의미하는 바를 밝히려 한다. 자아의 관념을 형성하는 지속적이고 통일적인 어떤 실재가 있는가? 흄은 우리의 인상과 거기로부터 나오는 덜 생생한 관념만이 존재한다고 말해 왔다. 인상 외에 실재는 없다. 우리의 자아에 대해 어떤 인상도 갖고 있지 않다.

　　"내가 나 자신이라고 부르는 것에 깊이 파고 들어갈 때, 나는 항상 따뜻함이나 차가움, 빛이나 어두움, 사랑이나 미움, 고통이나 쾌락과 관련한 어떤 특정한 지각과 만난다. 나는 지각

없는 나 자신을 발견할 수 없으며 지각 대상 이외의 어느 것도 발견할 수 없다." 그렇다면 우리 생각 속에 있는 자아라는 것은 어떻게 설명되는 것일까? 자아라는 지속적인 동일성의 관념을 주는 것은 축적된 기억이다. 흄은 정신을 "여러 지각들이 계속적으로 그들의 현상을 만들어 내는 일종의 극장"에 비유한다. 물론 여기서 극장은 미리 존재한 것은 아니다. 극장 자체가 연극의 개시와 더불어 만들어져 나가는 종류의 것이다. 자아라는 관념은 이렇게 연극들의 축적에 의해 만들어진 것이다.

VII
상실
Lost

경험론의 결과

흄의 철학은 흄 자신도 그 결과를 예상하지 못한 것이었다. 그는 당시에 독자적인 성취를 자랑하던 자연과학적 방법론과 그 실증적 적용인 뉴턴의 물리학에 깊이 심취해 있었다. 흄이 생각하기에, 과학혁명에 의한 당시의 성취는 근세의 독특한 세계관에 입각한 것이었다. 데카르트는 사유 능력이 있는 인간의 이성을 강조함에 의해 인간의 자율성과 자발성을 한껏 고양시킨다. 거기에 더해 베이컨과 과학자들에 의해 경험적이고 실증적인 탐구 양식이 지배적인 것이 되어 가고 이 결과가 과학혁명이었다.

     당시 유럽의 지식인들은 과학이 이룩한 업적에 한껏 들뜬다. 그들은 형이상학적 독단에 대한 혐오, 종교적 횡포에 대한 분노, 사제계급의 특권에 대한 반항을 지니고 있었다. 이러한 분위기 아래에서 흄은 아직도 남은 형이상학적 독단을 청소해 내기 위해 그의 철학을 전개한다. 기득권의 우행은 보편개념과 선험적 지식에 대한 기득권자들의 신념과 관련 있었다. 흄은 우리 지식이 단지 경험과 교육에 달려 있음을 보이기 위해 그의 인식론적 경험론을 전개해 나간다. 그러나 그는 이 탐구의 와중에 그의 애초의 목적을 넘어가 버리고 만다. 그의 탐구의 논리적 귀결은 어떠한 과학적 가설조차도 그의 청소 대상이 아닐 수 없다는 것이었다.

　　만약 인과율이 붕괴된다면 과학은 붕괴된다. 왜냐하면 과학적 판단은 보편성과 예측 가능성을 전제하기 때문이다. 그러나 흄의 탐구에 의하면 어떠한 과학적 법칙도 그 보편성과 영원성을 주장할 수는 없는 것이었다. 인과율은 기껏해야 우리 습관에 지나지 않는 것이었다. 흄은 습관으로부터 도출된 예측이 쓸모없다는 얘기를 하지는 않는다. 오히려 그 반대이다. 흄은 습관 속에 살기를 권한다. 흄이 강조하는 것은 단지 상식적 삶이 가능할 뿐이지 필연적이고 선험적인 삶이 가능하지는 않다는 것이다. 흄은 우리에게서 우리 지성이 필연적이고 절대적인 지식을 얻을 수 있다는 신념을 제거할 뿐이다. 형이상학적 독단을 폐기시키고자 출발한 그가 과학적 법칙조차도, 그것이 스스로를 하나의 필연적 법칙이라고 주장하는 한, 독단에 지나지 않는다고 말하는 것이다.

새로운 회의주의

이러한 탐구에 있어 흄은 회의주의자가 되어 나아간다. 회의주의자가 회의주의자인 것은 그들이 지식의 가능성을 부정 하기 때문은 아니다. 회의주의자들 역시 지식이 가능하다고 말한다. 그러나 그들이 말하는 지식이 일반인들이 일상적으로 말하는 지식과 다를 뿐이다. 회의주의자들에게 있어 유일하게 가능한 지식이란 상식적인 지식인 것이다. 거기에 법칙성, 필연성, 보편성, 선험성 등의 독단을 첨가할 때 회의주의자들은 이 지식을 거부한다. 회의주의자들은 사람들에게 겸허하라고 말한다. 우리의 지식은 기껏해야 감각과 거기에서 추론한 관념에 제한될 뿐이기 때문이다. 우리는 감각 인식이라는 새장에 갇혀 있고 이것을 벗어나려는 시도는 창살에 부딪치는 것 외에 아무것도 아니다. 그러나 독단론자들은 그들이 마치 새장을 벗어나서 신이 된 것처럼 말한다. 흄이 견딜 수 없었던 것은 이것이었다.

흄의 전면적이고 도전적인 탐구의 결과는 과학적 법칙조차도 결국 독단일 수 있다는 것이었다. 물론 흄은 과학적 법칙이 독단이라고 말하지는 않는다. 흄이 문제 삼는 것은 그 과학적 가설에 부여하는 인간의 법칙성인 것이다. 흄의 이러한 의도를 이해하는 것은 앞으로 오게 될 혼란의 정돈을 위해 매우 중요하다. 흄의 질문은 언제나 우리 자신을 향해 있다. 그는 지식 자체의 존재에 대해 말하지 않는다. 그가 말하는 것은 보편적 지식에 대한 우리 신념에 대해서인 것이다. 신의 존재 유무에 대해서도 마찬가지이다. 흄은 신이 존재하지 않는다고 말하지 않는다. 단지 신이 존재한다고 말하는 사람들의 신념의 근거가 어디에 있는가를 밝히고자 할 뿐이었다. 그가 파괴하고자 한 것은 신이 아니라 신을 알고 있다고 말하는 사람들의 신념과 독단이었다.

흄은 보편적 지식에 대한 강박증을 벗으라고 우리에게 권하고 있다. 왜냐하면 우리에게 보편적 지식의 가능성은 없기 때문이다. 흄은 상식에 입각하여, 우리 삶을 좀 더 현실적이고 즐겁게 살아가라고 권한다. 인간은 동물과 크게 다르지 않다. 이러한 측면에서 흄은 르네상스 인본주의에서 시작된 세속적 경향의 극단을 보이고 있다. 이제 인간의 지성 속에서 신은 죽었기 때문이다. 사실상 신뿐만 아니라 모든 신념도 죽었다.

흄 철학의 이러한 측면이 예술에 있어서는 세속적이고 향락적인 로코코의 유미주의를 부른다. 삶이 그렇게 근엄하고 진지할 이유도 없고 삶에서 추구해야 할 성스러움도 없는 것이다. 그러나 이 향락에는 좌절감과 쓸쓸함이 배어 있다. 왜냐하면 신념 없이 부유하는 삶은 어떠한 궁극적 목표도 거기에 부여할 수 없기 때문이다.

흄의 철학은 두 개의 날을 달고 있는 것이었다. 그것은 한편으로 인간을 억압하는 굴레를 벗기고 인간을 해방한다. 그러나 다른 한편으로는 인간을 덧없는 존재로 만들어 버린다. 해방과 자유의 대가는 이와 같은 것이었다. 흄은 인간을 해방하는 가운데 과학혁명에 의해 종합된 세계 — 엄밀히 말하면 세계가 종합되었다고 믿는 우리의 신념 — 를 해체시킨다. 정합적 세계는 언제나 절대적인 기초를 요구한다. 계몽주의는 그 절대적 기초로 완벽한 시계로 만들어진 우주와 그 운행을 포착할 수 있는 인간 지성의 가능성을 제시하고 있었다. 그러나 흄이 파괴한 것은 결국 이것이었다. 흄이 자신의 철학을 전개해 나가는 와중에 이 세계의 절대성은 남김없이 붕괴되고 만다. 먼저 모든 종류의 형이상학적 신념이 붕괴되고, 교조적 신앙이 붕괴되었으며, 과학적 지식도 붕괴되었다. 이러한 인식론하에서는 과학이 그 견고성을 유지할 수 없는 것이었다.

고대 그리스 시대 말기와 로마 제정 시대, 그리고 중세 말에 발생했던 회의주의 시대가 다시 한 번 도래했다. 이러한 시대에는 언제나 세속적 향락주의와 절망적인 자기 포기가 공존한다. 수많은 물질적, 육체적 향락 위에 덧없음의 구름이 덮여 있다. 우아하고 향락적인 모차르트와 와또Watteau의 예술에 쓸쓸함과 슬픔이 배어 있듯이. 세계는 다시 한 번 통합되기를 기다린다. 그리스와 로마의 회의주의는 기독교에 의하여 해소되고, 르네상스 회의주의는 과학혁명이 불러온 확신에 의해 해결된다. 흄이 불러온 회의주의는 어떻게 해결되며 흄의 인식론이 불러온 해체된 세계는 어떻게 통합될까?

어떤 철학자는 흄의 인식론이 형이상학을 망쳤다고 말한다. 철학이 인식론의 덫에 걸려들어 붕괴했다고 흄을 비난한다. 이러한 철학자들은 허구적 통합과 거짓된 위안이 유효한 것이라고 말하는 것이나 마찬가지다. 철학에 있어 중요한 것은 진실의 추구였다. 이 점에 있어 흄은 가차 없었다. 그 진실이 우리에게 무엇인가는 중요하지 않다고 흄은 생각했을 것이다. 그는 단지 그에게 제시되는 분명한 것을 말하고자 했고 그 폐허 위에서

어떻게 살아가느냐의 문제는 그의 책임은 아니었다. 그는 철학
자였지 거짓 예언자는 아니었기 때문이다.

from Plato to Wittgenstein

; A epistemological interpretation

통합과 파산 | 칸트
아베나리우스와 에른스트 마흐

I
칸트
Immanuel Kant

의미

그의 철학이 비판철학인 이유는, 한편으로 우리 이성의 능력이 어디까지 미칠 수 있는가를 비판하기 때문이고, 다른 한편으로 당시 독일에 팽배하던 무의미한 관념론을 비판하기 때문이다. 그러나 칸트* 철학의 비판적 측면은 흄의 철학을 고려했을 때 그렇게 새로운 것은 아니다. 흄이 이미 인간 이성의 인지적 범위를 극히 비판적으로 제한해 놓았기 때문이다.

　　칸트 철학의 의미는 오히려 당시의 세계가 부딪혀 있는

---

*이마누엘 칸트(1724~1804): 독일 철학자. 그는 흄이 붕괴시킨 과학에 대한 신념을 복구하려 애 쓴다. 그는 인간의 감성과 오성의 형식은 선험적으로 주어진 것으로서 인간은 이것을 통해 세계를 종합화한다고 말한다. 인간은 감각 인식의 먹이만은 아니고 그것에 대한 내재적이고 적극적인 종 합력을 가지고 있다는 사실을 밝혀 철학사에 커다란 업적을 남긴다.

문제점이 그의 철학 안에 정확히 파악되어 있다는 점, 그리고 해체된 세계를 다시 통합해 보려는 그의 영웅적인 분투에 있다. 칸트는, 흄의 인식론이 어떠한 것이고 그 결과가 무엇이 될 것인가를 정확히 알고 있었다. 그는 흄이 해체시킨 세계에서 덧없이 부유하기를 거부했다. 그는 인간 이성의 통합적 인식 가능성을 구원하려 시도한다. 이 점에 있어 그는 흄을 반박한다. 그러나 대륙의 시대착오적인 합리론적 관념론도 단호히 거부한다. 칸트 철학의 미래를 이해하기 위해서는 그의 이러한 입장을 이해하는 것이 매우 중요하다. 그는 한마디로 수학과 과학, 그중에서도 특히 뉴턴 물리학을 구하고자 한다. 그러나 형이상학이나 신앙조차도 구하려는 의도는 그에게 전혀 없었다. 물론 그는 "내 마음속의 도덕률moral law within"을 거론하며 윤리학에 대해 말한다. 그는 전통적인 형이상학을 그의 윤리학으로 대치한다. 그러나 윤리학이 형이상학은 아니다. 그는 형이상학이나 신앙을 인간 이성의 영역에서 '비판적'으로 구축해 낸다. 칸트에게 가장 중요한 주제는 당시의 자연과학, 특히 뉴턴의 고전역학이었다. 그는 자연과학을 구출하려는 그의 시도 가운데 자연과학적 법칙의 철학적이고 인식론적인 의미를 명확히 밝혀 놓았으며 인간 이성의 성격을 명확히 해석해 낸다.

배경

칸트에게는 당시 자연과학의 압도적인 성공이 인간 이성의 개가로 보였다. 당시의 철학적 흐름은 데카르트, 스피노자, 라이프니츠, 볼프로 이어지는 대륙의 합리론과 존 로크, 조지 버클리, 데이비드 흄으로 이어지는 영국의 경험론이었다. 대륙의 합리론은 데카르트 이래 그 모델을 수학적 양식에 두었고, 그리하여 순수한 관념을 인과적으로 이동시킴으로써, 다시 말하면 어떠한 외적 경험에 호소하지 않고도 애초의 공리를 발전시킴으로써 새로운 것들이 발견될 수 있을 것이라고 믿었다. 그러나 이러한 양식으로는 자연과학이 불가능했다. 경험을 넘어선 순수사변철학은 결국 '독단dogma'인 것이었다. 합리론의 이러한 무능은 과연 형이상학이 우리에게 과학이 준 것과 같은 지식을 줄 수 있느냐 하는 회의를 일으킨다.

그러나 과학에 대한 칸트의 이러한 신뢰는 흄의 인식론에 의해 위기를 겪는다. 흄의 가장 파괴적인 논증은, 우리의 모든 지식은 감각 인식으로부터 오는 것이므로 과학적 법칙의 필연성은 없다는 것을 보인 데 있다. 이 경우 우리의 현재의 경험을 기반으로 미래를 추론할 수 없다. 물론 어떤 의미로는 추론할 수 있다. 그러나 그 추론에 대한 확실성을 보증할 수 없다.

그러나 과학은 인과율 자체이다. 인과율은 오늘의 지식이 미래에 다가올 유사한 사건의 모든 예에 대해 믿을만한 지식을 준다고 가정하기 때문이다. 흄의 인식론의 논리적 결론은 결국 어떤 과학적 지식도 있을 수 없다는 것이고 이것은 곧 철학적 회의론 philosophical skepticism을 의미한다. 칸트는 영국의 경험론에 의해 과학이 붕괴되고, 그 결과 세계의 통합성이 붕괴되는 것을 지켜볼 수 없었다.

칸트에게 중요한 것은 과학적 지식을 어떻게 설명하며 어떻게 정당화하느냐였다. 그는 흄과 마찬가지로, 인간 이성, 즉 인간의 인식 능력에 대한 비판적 탐구로 이것을 시작한다. 흄은 붕괴를 위해서였지만, 칸트는 구원을 위해서였다. 그는 보편적이고 필연적 지식이 가능한지의 여부와 또한 가능하다면 어떻게 가능한지의 여부를 묻는 질문에 대한 답변을 모색한다.

흄에 대한 반박

그는 우선 그러한 지식이 경험에서 유래할 수는 없다는 흄의 견해에 찬성한다. 흄은 경험에 없는 것은 어디에도 없다고 말했다. 그러나 칸트는 경험으로부터 유래하지는 않지만 경험 이전에 우리에게 내재한 어떤 것인가가 있다고 말한다. 칸트는 먼저 그의 '독단의 잠dogmatic slumber'을 깨우고 사변철학에 대한 그의 연구에 완전히 새로운 방향을 부여한 것은 흄이 제기한 바로 그 문제였다는 사실을 고백한다. 흄은, 우리의 지식은 경험으로 부터이므로 우리의 경험을 넘어서는 어떤 실재에 대해서도 지식을 가질 수는 없다고 주장한다. 여기서 실재란 우리가 신뢰를 부여하는 인과율을 말한다. 이러한 논증에 부딪힌 칸트는 합리론적 형이상학을 "썩어 빠진 독단론rotten dogmatism"이라고 부르며 거기에서 등을 돌린다.

칸트는 그러나 흄의 철학에 그대로 동의하지는 않는다. 그는 과학적 언명에 대해서 끝없는 신뢰를 보냈기 때문이다. 칸트는 과학을 구원하는 것이 세계를 구원하는 것이라고 생각했다. 만약 흄의 늪으로부터 과학을 구해 내지 못한다면 세상은 끝없는 해체를 겪을 것이며 어디에도 구원의 가능성은 없다고 생각했기 때문이었다. 그리하여 그의 비판철학은 인간 이성의 힘에 대한 분석으로 시작된다. 즉, 그는 경험으로부터 독립하여 획득하고자 하는 모든 지식과 관련된 이성의 기능에 대한 '비판적' 탐구를 개시한다.

칸트 역시 흄과 마찬가지로 인간 이성이 형이상학이나

신의 존재 같은 문제를 떠맡을 역량이 있는가를 비판적으로 묻는다. 그는 그의 비판적 견지에서, 경험에 주어지지 않은 것을 순수이성만으로 이해할 수 있는가 그렇지 않는가를 따져 보기도 전에 형이상학적 체계를 구축하는 것은 어리석다고 생각한다. 만약 그의 탐구에서 이성만으로, 다시 말하면 '선험적$_a$ $_{priori}$'으로 전개되는 지식의 가능성이 있다면 칸트의 의문은 다시 어떻게 그러한 선험적 지식이 가능한가로 옮겨질 것이었다.

칸트의 전제는 우리에게 경험과 관련 없이 존재하는 지식이 있다는 것이었다. 이 점에 있어 칸트는 일단 합리론자들과 견해를 같이한다. 그는 우리의 지식이 경험과 함께 시작한다는 점에서 경험론자들과 의견을 같이 하지만, 그는 지식 모두가 경험에서 나온다는 결론이 나오지는 않는다고 하면서 대륙의 합리론적 전통을 옹호한다. 칸트의 이러한 견해를 이해하는 것은 칸트의 비판철학을 이해하기 위한 중요한 전제이다.

흄은 모든 지식이 우리에게 닥쳐든 일련의 인상으로 구성된다고 말한다. 그러나 비록 '경험 없이$_{without\ experience}$'는 존재하지 않지만 '경험에서 나오지는 않는$_{not\ from\ experience}$' 지식을 명백히 소유한다고 칸트는 말한다. 인과에 대한 경험 없이 인과율이 나올 수는 없다는 점에서 칸트는 흄에 동의하지만, 인과율이 단지 우리가 원인과 결과라고 부르는 연속하는 두 사건에 대한 심리적 습관의 결과라고 말하는 점에 있어서는 흄에 반대한다. 그는 우리가 인과율에 대한 지식을 가지고 있고, 이 지식은 감각경험에서 얻어지는 것이 아니라 오성과 이성의 기능을 통해 직접적으로, 따라서 선험적으로 얻어지는 것이라고 말한다.

칸트가 선험적 지식이라고 말할 때에는 무엇을 말하는가? "만약 우리가 과학에서 예를 찾는다면 수학의 아무 명제나가 해당된다. 만약 우리가 오성의 가장 일상적인 작용에서 예를 찾는다면 모든 변화에는 원인이 있다와 같은 것이 될 것이다." 여기서 중요한 것은 수학적 명제나 인과율 등이 선험적인 지식이 되는 칸트 고유의 양식이다. 칸트는 이와 같은 지식은 경험에서 나온 것은 아니라고 말한다. 경험은 보편성을 말해 주지 않는다. 왜냐하면 우리는 모든 경험 — 미래의 경험까지도 포함하여 — 을 겪은 것은 아니기 때문이다. 또한 경험은 필연성을 보여 주지도 못한다. 왜냐하면 경험은 우리에게 어떠한 사태에 대해서 말해 주지만 사태가 그것과 다를 수 없다고 말하지 못하기 때문이다. 경험은 보편과 필연에 대해서는 말해 주지 않는다. 그러나 칸트는, 우리는 필연적이고 보편적인 지식을 가지고 있다고 말한다.

종합적 선험지식

지식의 필연적이고 보편적 속성에 대한 칸트의 논증을 이해하기 위해서는 그가 먼저 판단(혹은 지식)이라고 부르는 것에 부여한 구분을 알아야 한다. 칸트는 우리의 모든 판단(지식, 명제. 인과율 등)이 일단 두 종류라고 말한다. 하나는 '분석적analytic 판단'이고 다른 하나는 '종합적synthetic 판단'이다. 칸트가 말하는 판단이란 주어와 술어를 연결하는 우리의 정신 작용이다. 사실상 주어와 술어의 관계는 우리의 모든 지식이 취하는 양식이다. 심지어는 수학의 함수조차도 x라는 주어와 y라는 술어의 문제이다. 즉, 흄이 말하는 인과율이 칸트의 판단이다.

분석적 판단은 술어가 이미 주어의 내용에 들어가 있는 지식이다. 이를테면 '삼각형은 세 개의 각을 가진 도형이다'라는 판단이 거기에 해당된다. '삼각형'이라는 주어 속에 이미 '세 개의 각'이라는 술어가 들어가 있다. 이러한 판단은 엄밀한 의미에서 우리에게 새로운 지식을 주지는 못한다. 이러한 판단은 이를테면 항진명제 혹은 동어반복이다. 분석판단은 주어와 술어의 논리적 관계에 의해 참이다. 분석판단을 부정한다는 것은 논리적 모순이 된다.

종합판단은 술어가 주어 속에 들어 있지 않다. 술어는 주어에 대한 우리의 개념에 무엇인가를 더해 준다. '그 사과는 붉다'는 판단은 독립적인 두 개념을 묶는다. '사과'라는 개념에 '붉다'라는 개념은 포함되지 않는다. 또한 '모든 물체는 질량을 가진다'라는 것도 하나의 종합판단이다. 물체에 질량이라는 개념은 없다.

칸트는 판단에 대하여 또 다른 종류의 구분을 한다. '선험적a priori'과 '경험적a posteriori, empirical'이 그것이다. 이러한 구분에 따르면 모든 분석판단은 선험적이다. 분석판단은 논리구조에 따르고 논리구조는 선험적이기 때문이다. 분석판단은 모든 경험으로부터 독립되어 있기 때문에 어떤 특정한 경우나 사건에 좌우되지 않는다. 필연성과 보편성이 선험적 지식의 확실한 표지이고 분석판단이 그러한 성격을 가지고 있다는 것은 분명하다. 분석판단과는 대조적으로 종합판단은, 대부분의 경우 그 판단이 관찰이라는 경험에 따르므로, 경험적이다. '그 사과는 붉다'는 종합판단이며 동시에 경험판단이다. 이러한 식으로 대부분의 명제는 분석적 선험 판단이거나 종합적 경험판단이다.

'종합적 선험판단synthetic a priori judgement'을 제기함으로써 칸트는 과학적 인과율의 문제로 들어가게 된다. 모든 과학적 인과율은 이러한 판단에 해당된다. 과학적 정식화는 언제나 보편성과 선험성을 가정한다. 그러나 동시에 과학적 인과율은 지칭 대상의 양태나 운동에 대한 새로운 지식을 더해 준다. 그러므로 모든 과학 명제는 종합적 선험판단인 것이다. 예를 들어 '7+5=12'라는 판단은 종합적 판단이고 보편적이라는 견지에서 선험적 판단이다. 다시 말하면 7+5에서 반드시 12가 분석적으로 나오지는 않기 때문이다. 7과 5와 더하기(+)라는 개념에 대한 종합을 얻기 위해서는 직관의 작용이 필요하다. 칸트는 기하학적 명제도 선험적이며 종합적이라고 말한다. '직선이 두 점 사이에 가장 짧은 거리이다'라는 명제는 종합적 판단이라고 칸트는 말한다. 왜냐하면 직선이라는 개념은 질quality에 관한 개념이지 양quantity에 관한 개념이 아니기 때문이다. 그러므로 '가장 짧다'는 개념은 전적으로 부가된 것이고, '직선'이라는 개념에 대한 어떤 분석으로도 도출될 수 없기 때문이다. 직관이 여기에 힘을 빌려 주어야 하며, 직관에 의해서만 이 통합은 가능하다.

남은 문제는 "어떻게 종합적 선험지식이 가능한가?How is synthetic a priori knowledge possible?"이다. 칸트는 이 문제를 정신과 대상 사이의 관계에 대해 새로운 가설을 채용하여 해결한다. 그는 인식 대상과 인식 주관 사이에 관계에 대한 새로운 개념을 내놓는다. 흄이 주장하는 바대로, 마음이 인식 대상에 대응하여 개념일반을 형성한다면 이 문제에 대한 해결책은 없다. 즉, 우리에게 종합적 선험지식의 가능성은 없다. 흄은, 우리가 이미 경험한 대상에 대한 개념을 형성할 수 있다고 말하지만, 이것은 결국 경험적 판단이다. 그러나 종합적 선험판단은 경험으로부터 나오는 것일 수는 없다. '두 점 사이의 가장 짧은 거리는 직선이다'라는 판단의 경우 경험은 두 점 사이의 거리의 관찰에 있어 그 경우가 제한될 것이기 때문이다. 다시 말하면 경험은 언제나 제한적이기 때문이다. 경험 없이 판단 — 그것도 보편적이고 참이고 검증 가능한 — 을 가능하게 하는 것은 무엇인가?

만약 인간 정신이 수동적이고, 단지 대상으로부터 오는 인상의 먹이에 지나지 않는다면, 정신은 오로지 그 특정한 대상에 대한 정보만을 얻는다. 그러나 종합적 선험판단은 새로운 지식이고 또한 정신이 아직 경험하지 않은 사항에 관련된 보편적 판단이다. 그러나 이 지식은 정신이 대상에 준한다는 가정에 입각하면 설명되지 않는다. 칸트는 정신과 외부세계에 대해 새로운 가설을 세운다.

코페르니쿠스적 전회

칸트가 정신이 사물에 대응하는 것이 아니라 사물이 정신에 대응한다는 가설을 세울 때 그의 마음에 있었던 것은 인간 정신의 독특성과 적극성이었다. 칸트는 코페르니쿠스처럼 하나의 실험적 가설로서 여기에 다다른 것이다. 코페르니쿠스는 천체 모두가 관찰자의 주위를 회전한다는 가정에 입각할 때보다는, 관찰자를 회전시키고 별들을 고정시킬 때 천체의 운행에 관한 더 나은 설명이 가능하다고 말한다. 칸트는, 여태까지 지식이 대상에 준한다고 가정되어 왔지만 만약 대상이 지식에 대응한다고 가정된다면 인간 지식의 설명이 더욱 용이하다고 말한다. 그는 직관이 대상의 구조에 대응하는 한 선험적 종합지식의 가능성은 없다고 말한다. 그러나 대상이 직관 기능의 구조에 대응한다면, 그러한 가능성을 생각해 볼 수가 있다고 칸트는 주장한다.

이것이 유명한 칸트의 '코페르니쿠스적 전회Copernican

154

Revolution'이다. 칸트가 선험적이라고 말할 때에는, 정신이 생득적인 관념을 가지고 있다거나 혹은 정신이 대상을 심지어 창조한다는 것을 의미하지는 않는다. 그의 코페르니쿠스적 전회는, 정신은 그것이 경험하는 대상에 무엇인가를 부과한다는 것이다. 우리의 지식이 '경험과 더불어with experience' 시작한다는 점에서는 칸트는 흄에 동의한다. 다시 말하면 경험 없이는 지식도 없다고 생각하는 점에서는 칸트는 흄에 동의한다. 칸트가 흄과 다른 점은, 마음이 어떤 대상인가를 경험할 때, 마음이 대상에 어떤 능동적인 동인으로 작동한다는 것이다. 정신은 자체 내의 어떤 구조, 어떤 양식인가를 대상에 부과하는 구조로 되어 있다. 정신의 이러한 속성에 의해 정신은 능동적으로 우리의 경험을 조작한다. 우리의 사유는 경험에 의해 그 작용을 개시하지만 스스로가 자신의 렌즈를 통해 그 경험을 받아들인다. 인간은 외부세계에 대해 수동적이기만 한 것이 아니라 자신에게 내재된 — 아마도 인간 이성의 본래 모습이라고 할 만한 — 어떤 질서를 각각의 경험에 부여하여 스스로의 전체성을 얻는다는 것이 칸트의 주장이다. 이것은 인간 모두가 동일한 색으로 채색된 안경을 낀 채로 사물을 보는 것과 같다. 모든 인간은 사유의 동일한 기능에 따라 어쩔 수 없이 정신의 타고난 구조에 준하여 외부세계를 대한다.

칸트의 이 가설은 앞으로 오게 될 세계에서 커다란 중요성을 지니게 될 인식론적 통찰이었다. 이것은 우리의 존재와 직접적으로 연결되기 때문이다. 우리에게 외부세계에 대한 객관적 종합의 가능성이 없다면 최소한 어떤 종류의 우리에게 귀속되는 종합의 가능성이 있어야 한다. 칸트의 이러한 통찰은 우리가 세계로부터 물러나서 우리 자신을 들여다볼 것을 요구한다. 이제 누구도 신적인 객관성에 대해 말할 수는 없다. 우리는 단지 우리에게 내재된 인식적 질서에 맞는 것이라면 보편적이고 객관적이라고 말하게 된다.

여기에서 칸트가 의미하는 선험성의 독특한 의미가 도입된다. 칸트가 선험적이라고 말할 때에는 그 선험성이 객관적으로 존재하는 사물에 보편적으로 대응하는 우리 인식에 대해서는 아니다. 칸트는 '초월적transcendental'이라는 새로운 용어를 도입한다. 칸트가 선험적이라고 말할 때에는 이것을 가리킨다. 이것은 우리에게 공통적으로 내재해 있다는 점에 있어서 선험적일 뿐이다. 우리는 마치 채색된 안경을 끼고 사물을 바라보는 것과 같다. 이때 그 채색된 안경이 칸트가 새롭게 규정한 '선험성'이다.

새롭게 규정된 선험성을 이해한다는 것은 앞으로 오게 될 철학을 위해 매우 중요하다. 앞으로는 누구도 자연세계에 객관적으로 존재한다는 의미에서의 선험성이라는 용어를 사용하지 않는다. 비트겐슈타인이 그의 언어를 선험적 질서로 규정할 때의 의미도 칸트가 그의 철학체계를 선험적이라고 말하는 의미와 같다.

다음으로 칸트가 밝혀야 하는 것은 바로 이 '채색된 안경'의 정체이다. 다시 말하면 칸트적 의미에 있어서의 선험적 지식이 구체적으로 무엇인가를 밝혀야 한다. 칸트는 인간지식에는 감각과 오성understanding이라는 두 개의 근원이 있다고 말한다. 이때 전자를 통해 대상이 우리에게 주어지고, 후자를 통해 대상이 우리에게 사유된다. 지식은 결국 인식대상과 인식 주관 사이의 어떤 작용에 의해 발생한다. 그러나 우리 주체가 배제된 채로 독자적으로 존재하는 세계에 대해 우리가 알 수 있는 것은 없다. 나는 사물을 있는 그대로의 물자체thing-in-itself로 파악할 수는 없다. 내가 외부세계에 눈을 돌리는 순간, 외부세계는 어떤 특정한 구조 ― 모든 인간이 장착한다고 가정할 때의 채색된 안경과 같은 ― 를 통해 내게 알려지기 때문이다. 만약 채색된 안경이 영원히 내 눈에 장착되어 있다면, 나는 항상 그 색이 입혀진 채로의 사물을 볼 것이고 나의 시각은 그 안경에 의해 부과된 한계를 벗어날 수는 없다. 칸트가 말하는 것은 이러한 안경이 인간의 공유되는 선험적 본질이라는 것이다. 인간의 마음은 항상 사유에 어떤 양식인가를 부과하고, 이것이 우리가 사물에 대해 이해하는 데 영향을 끼친다. 이때 채색된 안경에 의해 떠오르는 세계를 칸트는 '현상phenomena'의 세계라고 이름 짓고, 물자체의 세계를 '누미나noumena'의 세계라고 이름 짓는다.

칸트의 선험지식

그렇다면 세계에 색을 입히는 이 안경의 정체는 무엇인가? 그것은 선험적인, 즉 모든 경험에 앞서 주어진 감성의 형식과 오성 인식의 형식에만 있을 뿐이라고 칸트는 말한다. 칸트는 선험적 종합인식의 가능성을 수학, 자연과학, 형이상학 등과 관련하여 제기한다. 그에 따르면 수학과 자연과학이 종합적 선험판단을 포함한다는 것은 명백하기 때문에 이것이 어떻게 가능한가를 밝히기만 하면 된다. 그러나 형이상학과 관련하여 제기되는 물음은 종합적 선험판단이 거기에 포함될 수 있는가, 그리고 형이상학이 도대체 이론적인 학문으로서 가능한가이다. 《순수이성비판》의 세 장은 이러한 세 가지 문제에 대한 칸트의 답변을 제시하고 있다. 제1장인 〈선험적 감성론Transcendentale Asthetik〉에서는 수학에 적용되는 감성적 직관에 대한 연구가 진행되고, 제2장인 〈선험적 분석론Transcendentale Analytik〉에서는 과학에 적용되는 오성의 활동이 탐구되고, 마지막 장인 〈선험적 변증론Transcendentale Dialektik〉에서는 형이상학에 적용되는 이성이 탐구된다.

칸트에 따르면 수학의 경우에 종합적 선험판단의 가능성은 수학적 인식의 대상을 형성하는 선험적 직관 형식에 의존한다. 경험을 종합하는 역량을 가진 우리의 정신은 먼저 다양한 경험에 어떤 '직관'의 형식을 부여하는바 그것은 '공간과 시간'의 개념이다. 그러나 공간과 시간은 우리가 경험하는 대상에서 나온 관념은 아니다. 공간과 시간은 수학적 판단에 있어 직관 속에서 직접 돌출하는 것이며, 선험적인 것이고, 비유적으로 말하면 우리가 수학적 대상을 바라볼 때 우리가 착용하는 안경인 것이다. 기하학적 선험판단은 공간의 선험성에 의존하고 대수학적 선험판단은 시간의 선험성에 의존한다. 말해진 바대로 공간과 시간은 객관적 실재가 갖는 형식이 아니라 우리에게 내재된 직관의 형식이다. 사실상 (인간의 직관으로부터 독립해 있는) 물자체가 어떠한 것인가는 원칙적으로 인식될 수 없다.

자연과학에서의 선험적 판단을 가능하게 하는 오성 활동의 선험적 형식을 칸트는 '범주Kategorie'라고 부른다. 시간과 공간이 직관의 형식이라고 한다면 범주는 사유의 형식이다. 범주에는 양의 범주, 질의 범주, 관계의 범주, 양상의 범주가 있으며, 이들은 다시 각각 세 가지 범주를 포함한다. '양의 범주'는 단일성, 다수성, 전체성을, '질의 범주'는 실재성, 부정, 제한을, 관계의 범주는 실체, 원인, 상호성을, '양상의 범주'는 가능성, 현존, 필연성을 포함한다. 칸트는, 모든 판단 형식의 기저에는 순수종합개념이 놓여 있는바, 이 순수종합개념이 '감각의 범주'라고 말한다. 각 범주는 사유의 종합을 규정하는 일종의 규칙을 의미하고, 범주의 기능은 직관된 것을 일정한 양식으로 종합적으로 총괄하는 것이 된다. 이러한 범주적 종합에 의해 직관의 대상은 이제 사유의 대상이 된다. 모든 사물은 범주에 의해 규정되는 바, 이 범주는 직관 형식인 공간과 시간처럼 보편타당하다. 즉, 칸트적인 의미에 있어 객관적인 것이 된다. 칸트는 이러한 작업을 통해 자연과학에서 보편적이고 필연적인 지식이 가능한가에 대한 답변을 했다고 생각한다. 범주의 도움을 얻어 사유된 것은 각 범주 안에 포함된 종합 규칙의 보편성 때문에 역시 보편적이 되기 때문이다. 어떠한 인간의 사유도 이러한 범주를 통하지 않고는 가능하지 않다.

오성은 감성 안에 주어진 다양한 대상의 종합적 통일을 범주를 통해 달성한다. 여기서 중요한 것은, 이 종합적 통일의 근거는 '통각Apperzeption'의 선험적 통일이라 불리는 의식의 통일이지 인식 대상 자체 내에 있는 객관적 통일은 아니라는 사실을 이해하는 것이다. 즉, 모든 것은 자아에 입각해 있다. 자아로부터 벗어난 어떤 종합도 존재하지 못한다.

칸트는 다시 선험적 변증론에서, 하나의 학문으로서 형이상학이 가능한가를 묻고 답한다. 수학이 직관에 의한다면, 과학은 오성에 의하고, 형이상학은 이성에 의한다. 그러나 칸트에 따르면 이성적 인식이란, 인간 사유가 오성의 원칙들에서 출발하고 또 그것들에 의해 인도될 때, 오성의 원리를 제약하지 않는 원인을 발견하기 위해 노력한다. 칸트에 따르면 이성이 이러한 노력을 할 때 그것은 우리의 경험을 넘어서게 된다. 거듭 말하는 바와 같이 우리의 인식은 경험으로부터 나오지는 않지만 not from experience, 경험과 더불어with experience 나온다. 다른 말로 하면 경험이 결여된 이성 인식은 맹목적이다. 이성적 사유는 그러므로 수학이나 자연과학이 하나의 학문이라는 견지에서는 학문이 될 수 없고 따라서 어떠한 지식도 제공할 수 없다.

칸트의 의의

철학사적 견지에 있어서 칸트의 의미는 주로 그의 형이상학적 탐구에 있어서보다는 수학과 과학의 지식이 어떠한 것인가에 대한 그의 인식론적 연구에 있다. 흄은 이러한 지식을 '인과율'이라고 정의한다. 칸트는 흄의 이 개념을 좀 더 정밀하게 전개시켜 '종합적 선험지식synthetic a priori knowledge'이라고 새롭게 규정하고 그 가능성에 대해 탐구한다. 선험적 종합지식의 가능성이 입증된다면 과학의 법칙이 그 보편타당성을 유지할 것이라는 칸트의 통찰은 옳은 것이었다. 칸트 스스로 이것은 가능한 것이고, 그러므로 수학이나 과학은 하나의 학문으로서 존립 가능하다고 생각했고, 나름의 논증을 했다고 생각했다.

　　칸트는 흄이 해체시킨 세계를 다시 통합한다. 칸트는 우리 외부에 존재하는 물자체thing-in-itself의 세계에 대한 인식 가능성을 완전히 포기함에 의해 이것을 가능하게 만든다. 다시 말하면 그는 우리 인식의 자연에의 일치의 가능성을 완전히 포기함에 의해 이것을 가능하게 만든다. 칸트의 통합은 우리 인식을 우리 자신에게로 후퇴시킴에 의해 가능해진 것이었다. 우리 인식은 해체와 후퇴와 수렴을 겪는다. 우리는 '우리 자신임'에 의해 스스로의 한계를 가질 수밖에 없다. 우리 인식은 인간적 성격을 벗을 수 없으며 먼저 우리 자신에 대한 탐구가 없는 한 우리 지식에 대한 탐구도 없는 것이었다. 우리 지식은 우리 얼굴 이외에 아무것도 아니었다. 인간 인식의 영토는 매우 협소해진 채로 새로운 통합이 가능한 듯 했다. 신에게 이르는 지식은 말할 것도 없고 자연세계에 대한 지식조차도 우리 고유의 안경에 의해 채색된 것이었다.

　　문제는 이러한 협소한 영토나마 지켜질 수 있는가였다. 요점은 안경이었다. 만약 그것이 우리에게 선험적인 것이 아니라면, 다시 말하면 시간과 공간 인식, 사유의 제약자로서의 범주 등이 모두 선험적인 것이 아니고 경험으로부터 도출된, 합의에 의한 관습이라고 한다면 칸트가 구축한 정합적 세계는 다시 한 번 붕괴될 것이었고 세계는 결국 해체되고 말 것이었다. 그러한 일이 실제로 발생한다. 인간에게 남은 길은 실존적 절망과 영웅적인 자기 포기였다.

II
아베나리우스와 에른스트 마흐
Richard Avenarius & Ernst Mach

새로운 해체

경험비판론이라는 철학적 운동은 아베나리우스Avenarius*라는 19세기 말의 철학자에 의해 시작되었고 경험비판론이라는 새로운 인식론적 용어도 그에 의해 만들어졌다. 이 운동은 물리학자 에른스트 마흐Ernst Mach*에 의해 더욱 확산되었고 곧 오스트리아와 독일에서는 주도적인 인식론적 경향이 되어 나갔다.

　　이들은 칸트의 업적을 간단히 붕괴시킨다. 칸트 철학의 근간은 선험적인 인식의 틀이고 이것이 의심받으면 모든 것이

---

*리하르트 아베나리우스(1843~1896): 스위스 철학자. 경험비판론(empiriocriticism)의 창시자. 경험비판론은 경험으로부터 모든 형이상학적 요소를 제거함을 뜻한다. 이러한 철학은 실재(substance)가 주관의 외부에, 주관과 독립하여 존재한다는 유물론을 부정하는 쪽으로 나아갔으며, 이러한 이념은 그가 버클리와 흄의 전통하에 있다는 것을 의미한다.

의심받게 된다. 이들은 실제로 그러한 인식적 틀의 선험성 유무를 실험을 통해 밝힌다. 연구의 결과는 그러한 인식적 틀(시간 공간 인식과 카테고리) 역시도 교육받은 것이란 사실이었다. 서구의 동질적인 관습적 틀을 벗어나면 이러한 틀은 존재하지 않았다.

경험비판론자들은 결국 버클리와 흄으로 되돌아간다. 이들은 철학에 존재하는 모든 선험성을 털어 내는 것을 일종의 정화라고 생각한다. 이들은 다시 주관관념론으로 되돌아가서, '감각의 분석'을 통해 경험에 의해 형성된 개념을 가능한 순수하게 만들고, "의식 외부에 객관적 실재가 존재한다"라는 가설과 "인식은 외부를 모사한다"라는 형이상학적 군더더기를 제거한다. 결국 이들은 객관적인 실재란 모든 현실적인 것들의 '요소'인 감각과 감각 복합물로 이루어진다는 극단적 주관관념론에 이른다. 감각에서 독립하여, 완전한 객관물로 존재하는 외부세계가 있고 그것들이 감각을 통해 우리에게 주어진다는 가설은 그들에겐 한낱 형이상학적 헛소리가 되는 것이었다. 감각은 결코 사물의 상징, 즉 모사가 아니다. 오히려 사물이 감각 복합의 상징이다. 마침내는, 세계를 구성하는 본래적인 요소는 객관적 실재가 아니라 색, 소리, 무게, 공간, 시간 등이라는 주장이 에른스트 마흐에 의해 나왔다.

이들은 기존의 형이상학을 전도시킨다. 인간에게 최초로 주어진 것은 물질이 아니라 감각이라고 불리는 '요소들'이다. 의식에서, 다시 말하면 감각과 지각에서 독립된 객관적 실재가 존재한다는 데카르트나 로크의 주장은 이들의 입장에서 바라볼 때 형이상학적 허구 이외에 아무것도 아니다. 경험비판론적 입장에서 바라볼 때 범주들 역시 허구이다. 인과성, 필연성 등은 객관적으로 존재하는 것이 아니라 관습으로부터 유래하는 '단순한 관념의 상징'이다. 이러한 토대 위에서 에른스트 마흐는 과학을 완전히 새롭게 정의한다. 먼저 심리학은 표상 representation들의 연관 법칙을 탐구하는 것이 되고, 물리학은 감각(혹은 지각)들의 연관 법칙을 발견하는 것이 된다. 여기에서 마흐는 새로운 과학을 불러들인다. 표상과 감각의 연관 법칙에 대한 고찰이 있어야 하며 이것은 정신물리학이 된다. 감각이 사실상 대상들의 실재이므로 심리학과 물리학의 대상은 서로 일치한다. 차이는 단지 고찰 방식에 있을 뿐이다.

경험비판론의 철학적 의의는 다시 한 번 세계를 해체시

---

*에른스트 마흐(1838~1916): 오스트리아 철학자이자 물리학자. 아베나리우스와 함께 경험비판론을 창시. 그의 철학은 주관관념론과 불가지론이었다. 그는 감각이 인식의 유일한 근거이며, 유일한 존재이고, 의식에 주어진 유일한 것이라고 주장한다. 그는 자연과학을 이러한 감각 인식의 연쇄라고 규정한다.

컸다는 데에 있다. 그들은 인간의 자기 자신에 대한 신념을 그 마지막까지 붕괴시킨다. 이제 누구도 선험성이라거나 실재나 형이상학에 대해서 말할 수 없게 되었다. 세계를 지배하는 보편성이나 필연성은 존재할 수 없게 되었다. 그러한 것은 객관적 세계에도 우리에게도 존재하지 않게 되었다. 확실성은 남김없이 사라졌다. 그들은 신화를 일소했다. 인간은 자신을 보호해줄 어떠한 방어막도 박탈된 채로 다시 한 번 세계의 붕괴를 지켜봐야 했다.

보편적이거나 선험적인 원칙은 언제나 규제를 동반한다. 세계는 원칙을 중심으로 배열된다. 원칙은 하나의 절대이고 하나의 가치이다. 이것은 인간의 것이 아니다. 세계 밖에서 주어지는 것이다. 왜냐하면 인간의 것은 이제 하나도 남아 있지 않게 되었기 때문이다. 세계는 확연히 둘로 갈라지게 된다. 이 균열의 하나는 인간의 이성을 배제하는 것이다. 여기에는 신이나 윤리 등의 주제가 있다. 그것은 단지 신념이나 믿음의 문제가 된다. 그리고 다른 하나는 철저히 인간적인 것이다. 거기에는 어떤 선험이나 보편은 존재하지 않는다. 인간은 이제 덧없이 부유하게 된다. 이 세계는 철저히 비귀족적 세계이며 비지성적 세계이다. 모든 것이 가치가 없으므로 어떤 것도 가치를 지닐 수

있다. 누구도 원칙과 보편을 규준으로 인간을 지배할 수는 없
다. 규제는 철폐되었고 자유와 방종의 가능성이 지상세계에 도
입된다.

from Plato to Wittgenstein
: A epistemological interpretation

비트겐슈타인

I
의의
The meaning

비트겐슈타인Ludwig Wittgenstein*의 철학은 독창적이기는 하지만 혁명적이지는 않다. 그의 철학 역시도 과거의 축적 위에 존재한다. 그의 철학의 이해에 어려움을 주는 것은 우선 과거 철학에 대한 우리 이해의 결여이다. 다음으로는 비트겐슈타인 스스로 설명보다는 간결한 표현에 중점을 두기 때문이다. 그는 자기 결론에 대한 설명에 무관심하다. 탐구의 결론만을 수수께끼 같이 제시한다. 그러나 흄과 칸트의 철학에 대한 상당한 이해가 있다면 비트겐슈타인의 철학은 비교적 용이하게 이해된다.

이 새롭게 제시된 철학의 가장 커다란 의의는 '세계에 대

*루트비히 비트겐슈타인(1889~1951): 오스트리아 철학자. 그는 언어의 분석과 비판을 기초로 하여 언어의 한계를 세계의 한계로 규정 짓는다. 그의 철학은 칸트의 철학과 매우 유사하다. 그의 철학적 학설은 '선험적 언어주의'라고 할 만한 것으로 이것은 칸트의 '선험적 관념론'에 대응한다.

한 새로운 통합의 시도'이다. 팽배해 가는 경험비판론과 회의주의에 의해 붕괴된 세계에 대해 그는 어떠한 통합을 시도한다. 그는 내용에 있어서는 인식론적 경험론이 제시한 결과를 받아들이고 형식에 있어서는 칸트가 제시하는 종류의 선험성을 받아들인다. 여기서 그는 세계를 통합하는 기저로 '언어', 그중에서도 '과학적 언어(명제)'를 채용한다. 여기에 그의 독창성이 있다. 그는 칸트가 제시했던 선험적 감성과 오성의 형식의 자리에 언어를 가져다 놓는다. 칸트가 어떻게 종합적 선험지식이 가능한가를 물을 때, 비트겐슈타인은 "세계에 대해 기술하는 것은 어떻게 가능한가How is it possible to make statements about the world?"를 묻는다. 칸트가 우리의 감성과 오성의 형식을 인식의 숙명적 틀로 본 것처럼, 또한 그렇기 때문에 칸트가 거기에 입각하여 선험적 요청을 하는 것처럼, 비트겐슈타인은 언어를 인식의 피치 못 할 기저로 보고 거기로부터 선험적 논리학을 시작한다. 우리는 다시 언어라는 채색된 안경을 쓰게 된다.

칸트가 인간 인식의 틀을 선험적으로 주어지는 어떤 것으로 보듯이 비트겐슈타인 역시 언어를 선험적으로 주어진 것으로 본다. 어쨌든 언어는 존재하고 있고 우리는 거기에 편입된 삶을 살고 있으며 언어로 우리의 모든 판단을 표현하고 있다. 비트겐슈타인이 언어라고 말할 때 그것의 엄밀한 의미는 우리에게 숙명적으로 주어진 인식의 도구라는 것이다. 우리는 채색된 안경으로 세상을 물들이듯이 언어로 세상을 기술하고 있다. 언어에 부여하는 의미가 이와 똑같기 때문에 비트겐슈타인은 자기의 철학이 선험적인 것이며 존재론적인 것이라고 말한다. 그러므로 비트겐슈타인의 언어는 엄밀하게 말했을 때 하나의 논리구조이다. 그는 단지 논리학을 하고 있을 뿐이다. 논리는 우리에게 선험적으로 존재한다. 또한 그것은 세상이 어떠한지에 대해 말하고 있다.

이러한 면에서 보자면, 비트겐슈타인의 언어는 언어학자 소쉬르Ferdinand de Saussure 의 언어와 같은 종류의 것이다. 그것은 생성 과정에 있는 것도 아니고 인간이 만든 것도 아닌, 관계에 의해서만 진공 속에서 스스로 존재하는 것과 같은 종류의 언어이다. 그러므로 비트겐슈타인의 언어는 투명한 설계도와 같은 것이 된다. 이 설계도는 세상을 거울처럼 반영하고 있다.

우리는 우리 자신에 대해, 엄청나게 크고 복잡한 건물 내에 처해 있다고 생각할 수 있다. 우리는 거기에서 때때로 길을 잃는다. 만약 이 건물이 어떠한 구조로 되어 있고, 이 건물의 어디에 어떤 방이 존재하는가를 우리가 알 수 있다면 건물에 대해 알 수 있다. 건물을 알기 위해 우리는 건물의 설계도를 구한다. 건조물 전부를 탐험할 수는 없다. 이 건물은 그러기에는 너무 복잡하고 너무 광활하다. 이때의 설계도가 이를테면 비트겐슈타인의 언어이다. 설계도를 본다면 건물에 대해 알 수 있다. 이 설계도는 우리가 만든 것이 아니라, '선험적'으로 존재하고 있는 것이다. 그러나 여기에서 비트겐슈타인 철학의 경험적 내용이 드러난다. 우리는 때때로 설계도에 이상한 것, 수상스러운 것이 들어와 있다고 생각할 수 있다. 어떤 논리 구조로도 합당하지 않은 방이나 화장실이 거기에 존재할 수 있다. 이때 우리는 번거로움을 무릅쓰고 설계도와 설계도상의 건물을 비교해 보아야 한다. 즉, 경험에 의해 검증되어야 하는 것이다.

비트겐슈타인의 철학이 한편으로 선험적이며 다른 한편으로 경험적이라는 사실을 이해하는 것이 매우 중요하며, 동시에 그의 선험의 의미와 경험의 의미를 아는 것 역시 매우 중요하다. 비트겐슈타인이 말하는 '선험성'은 다음에서 명백히 드러난다. 그의 설계도는 건물에 준해 그려진 것이 아니다. 다시 말하면 세계의 모습을 따라 언어가 만들어진 것이 아니다. 어쩌면 그렇게 만들어졌을 것이다. 그러나 우리가 모르는 사실은 존재하는 사실이 아니다. 그러므로 언어의 생성이나 가변성은 중요한 문제가 아니다. 논리학은 생성된 것도 만들어지고 있는 것도 아니다. 경험비판론자들이, 대상이 존재하고 그것을 따라 개념이 만들어졌다는 주장을 터무니없는 것으로 거부하듯이, 비트겐슈타인은 세계의 모습을 따라 언어가 형성되었다는 가설을 뿌리친다. 우리에게 인식 가능한 것은 오로지 우리의 감각뿐이라고 흄이 주장했던 것처럼, 비트겐슈타인은 우리에게 인식 가능한 것은 오로지 우리 언어일 뿐이라고 말하는 것이다. 비트겐슈타인이 흄과 다른 점은, 흄이 우리 감각의 기원을 경험이라고 말하는 데에 반해, 비트겐슈타인은 언어의 기원에 대해 관심이 없다는 것이다. 언어는 선험적인 것이기 때문이다. 비트겐슈타인에게 있어서 경험은 단지 그의 언어를 검증하기 위해서만 인식론적 의미를 지닌다. 언어가 선험적으로 먼저 존재하고 경험은 단지 검증 도구로서만 존재하게 된다. 언어를 알게 될 때 세계를 알게 된다. 설계도를 살펴보면 건물을 알 수 있다.

세계에 대한 선험적 해명 도구로서 언어를 포착했다는 점이 비트겐슈타인의 독창성이다. 칸트에 의해 가까스로 재구축된 세계가 연이어 오는 경험비판론자들의 논박에 의해 붕괴되고 세계가 다시 지리멸렬해졌을 때, 비트겐슈타인은 다시 한번 세계의 통합을 시도한다. 그 통합은 그러나 우리가 언어로까지 물러나서야 가능한 것이었다. 이제 세계는 언어라는 새장에 갇히게 된다. 언어를 벗어나는 것은 우리가 모르는 것을 안다고 말하는 것이 된다. 왜냐하면 언어의 한계가 세계의 한계이고, 그 언어는 철저히 실증적인 경험을 기반으로 존재하고 있는 것이므로. 그 언어는 하나의 과학언어로서 자기를 닮은 세계를 요청하고 있으므로.

II
기술되는 세계
The described world

그의 《논리철학논고Tractatus Logico-Philosophicus》는 "세계는 사례인 것의 총체이다"라는 말과 "세계는 사물의 총체가 아니라 사실의 총체이다"라는 수수께끼로 시작한다. 비트겐슈타인의 철학을 이해하기 위해서는 이 수수께끼가 무엇을 의미하는가를 알아야 한다. 이것은 매우 중요한 주장이다. 이 전제는 왜 세계가 언어로 이해될 수 있는가에 대한 비트겐슈타인의 이유의 제시이다. 경험비판론자들은 우리 인식이 대상에 조응하기보다는 오히려 대상이 인식에 조응한다고 말한다. 즉, 우리가 보는 것은 대상이 아니라 우리 감각뿐이라는 주장이다. 마찬가지로 비트겐슈타인은 우리가 아는 것은 사물이 아니라 사실(언명 혹은 명제)일 뿐이라고 말하고 있다. 다시 말하면, 비트겐슈타인은 우리 언어가 우리 감각의 관계로부터 얻게 되는 지식의 전부라고 말하고 있다.

우리가 알 수 있는 것은 우리 감각뿐이라고 한다면, 우리는 우리 감각을 이리저리 관계 지어 지식체계를 만들어 낸다. 비트겐슈타인은 이 지식체계를 언어라고 말하고 있다. 물론 우리는 우리 감각이 어떻게 관계 지어져서 언어가 만들어지는가에 대해서는 알 수도 없고 알 필요도 없다. 우리는 단지, 언어가 우리 감각의 관계이므로 세계는 그것의 총체라는 사실을 알 뿐이다. 우리는 사물에 대해서는 알 수 없다. 사실상 그 존재조차도 알 수 없다. 더구나 사물이 관계 지어지는 양상에 대해서도 알 수 없다. 우리가 아는 것은 단지 아마도 감각의 관계 지음에 의해 생겨났을 거라고 믿어지는 '언어'일 뿐이고, 비트겐슈타인은 이것을 여기서 '사실'이라고 표현하고 있다.

철학은 '세계를 해명하는 것에 대한 탐구'이다. 흄은 이것을 '인과율'이라고 생각했고, 칸트는 '선험적 종합판단'이라고 생각했고, 에른스트 마흐는 '관계 지어진 감각 인식'이라고 생각했다. 비트겐슈타인은 이것을 '언어'라고 생각한다. 즉, 세계는 언어로 기술된다고 생각한 것이다. 자연과학이란 우리 감각 인식의 체계적인 관계 이외에 아무것도 아니다. 그리고 이 관계는 명제로 나타난다. 비트겐슈타인의 언어는 이 과학명제를 가리킨다. 그리고 여기서는 그것을 사실이라고 표현하고 있다.

이것은 우리가 경험하는 일상적인 상황에서도 입증된다. 예를 들어 여러 가지 가구로 들어찬 방을 우리가 본다고 가정하자. 우리는 거기에서 분리된 사물을 인식하지는 않는다. 우리는, 침대, 의자, 테이블, 옷장 등으로 방을 파악하기보다는 — 그러한 것으로 이루어진 방은 수많은 가구 조합의 방이 되므로 — 이러한 가구들이 관계 지어진 상황에서의 방을 보게 된다. 창문 옆에 침대가 있고, 그 침대 발치에 테이블이 있고, 등등으로. 왜냐하면 세계는 여러 개가 될 수 없기 때문이다. 세계는 단일하다. 다른 세계의 가능성에 대해 말하는 것은 무의미하다. 우리에게 주어진 세계는 단 하나의 세계이며 우리가 철학에 부여하는 임무는 그 단 하나의 세계를 총체적으로 설명해 달라는 것이다.

설계도는 가능한 여러 건물에 대해 말하지 않는다. 설계도가 설명하고 있는 것은 단일한 하나의 건물에 대해서이다. 설계도는 방과 화장실 각각을 진공상태에서 독립적으로 존재하는 것으로 설명하지 않는다. 전체의 관계에 대해 말한다. 방과 화장실 등은 단지 건축적 기호로 나타날 뿐이다.

비트겐슈타인의 세계에 대한 이러한 정의는 세계에 대한 다른 측면으로의 연구에 의해서도 그 의미가 보증된다. 예를 들어, '물에 열을 가하면 끓는다'는 사실에 대해서 생각해 보자. 이 명제는 정확히 말하면 다음과 같다. 우리의 감각 인식상에 '물'이라고 이름 붙인 무엇인가가 있다. 마찬가지로 우리의 감각 인식상에 '열'이라고 이름 붙인 무엇인가가 있다. 그 두 개가 같이 존재할 때 '끓는 현상'이라는 또 다른 감각 인식이 발생한다. 여기에서 우리의 관심을 물과 열과 끓는다에 집중해야 소용없다. 왜냐하면 그것은 의미 없기 때문이다. 오컴 이래의 주요 금언은, "쓸모없으면 의미 없다"이다. 더구나 우리는 우리 감각상에 떠오르는 그것들의 본래의 의미조차도 모른다. 우리는 단지 '물'과 '열'과 감각 인식이 결합하여 '끓는다'는 또 다른 감각 인식을 얻었을 뿐이고 이것은 관계 지어져서 세계에 대한 의미 있는 고찰이 된다. 이제 이것은 세상에 대해 무엇인가를 말하고 있다. 그러므로 의미 있는 것은 사물이 아니라 사실이다. 결국 세계는 사물의 총체가 아니라not of the things, 사실의 총체but of the facts인 것이다.

III
진리 함수 이론
Truth-function theory

비트겐슈타인의 언어는 그가 도입하는 '진리 함수 이론truth-function theory'과 '그림 이론picture theory'을 이해하면 그 본질이 드러난다. 우리는 먼저 진리 함수 이론이 무엇인가에 대해 탐구할 필요가 있다. 이 이론은 '언어의 구조'에 대한 비트겐슈타인의 설명이다. 비트겐슈타인이 밝히는 언어는 말해진 바와 같이 자연과학적 명제의 총체이므로, 결국 언어의 구조는 명제들이 어떻게 정돈될 수 있느냐로 해결된다. 비트겐슈타인 스스로 "나의 임무는 명제의 본질을 해명하는 것이다"라고 말한다. 이것은 아마도 그의 진리 함수 이론을 말하는 듯하다.

비트겐슈타인은 언어가 세계를 말한다고 생각한다. 왜냐하면 자연과학의 명제란 결국 세계에 대한 해석이기 때문이다. 그러나 대부분의 자연과학적 명제는 추상적 사실에 대해 말한다. 가령 "행성은 항성을 돈다"라는 자연과학적 명제는 '행성'이라는 추상화된 보편개념과 '항성'이라는 또 다른 보편개념 그리고 '회전'이라는 또 다른 보편개념을 묶은 것이다. 그러나 우리 지식의 근원은 주지하다시피 우리의 감각 인식이다. 보편개념은 직접적인 감각 인식으로부터 오는 것이 아니다. 그러므로 기원적 감각 인식이 있어야 한다. 다시 말하면 보편적인 명제는 끝없이 분석되어 직접 감각 인식을 나타내는 궁극적인 명제에 이르러야 한다. 비트겐슈타인은 이러한 명제를 '요소명제 elementary proposition'라고 부른다. 그리고 추상화된 명제는 '복합명제complex proposition'라고 부른다.

존재론적 관점에서 다시 말하면, 이런 명제들은 세계와 직접 관련을 맺고 있어야 하며, 따라서 그 명제들은 이를테면 최초의 감각 인식이고, 그 명제의 진위는 세계 그 자체에 의해 결정된다는 것이다. 복합명제들은 요소명제들을 통해서through 이해되며, 그 명제들의 의미나 진위 등은 요소명제들에 의해 결정된다. 다시 말하면 복합명제는 요소명제라는 독립변수의 함수가 된다. 복합명제들, 즉 보편적 개념으로 이루어진 추상화된 명제들은 요소명제들과 어떤 식의 관련을 맺고 있다. 이 '어떤

식'이 바로 '진리 함수'라는 것이 된다.

일상적인 명제들은 요소명제로 분석되고, 그것들의 의미는 요소명제에 의해 완전히 밝혀진다. 비트겐슈타인은 "내게 모든 요소명제가 주어져 있다고 가정하자. 나는 그것들을 통해 구성되는 명제가 무엇이냐고 물을 수 있다. 거기서 나는 모든 명제들을 갖게 되고, 그로 인해 명제의 범위가 정하여 진다"라고 말한다. 일상적인 명제들, 즉 복합적인 명제들과 요소명제들과의 엄밀한 관계는 무엇인가? 비트겐슈타인은 요소명제가 아닌 모든 명제들은 요소명제들의 진리 함수 복합명제라고 말한다. '하나의 명제는 요소명제들의 진리 함수'가 된다.

명제에 대한 이러한 분석은 비트겐슈타인을 이해하는 데에 있어 매우 중요하다. 이것을 이해하기 위해서는 진리 함수가 어떤 논리 위에 입각하는가를 정확히 알아야 한다. 먼저 P라는 복합명제를 생각하자. 이 명제는 p_1, p_2, p_3, ⋯ 등의 요소명제로 분석된다고 생각하자. 여기서 복합명제, 즉 우리가 일상적으로 사용하는 명제는 완전히, 그리고 충분히 분석되어 있다는 것을 가정해야 한다. 이때 P라는 명제의 진위는 위의 요소명제들의 진위에 의해 바로 결정된다. 그리고 P라는 명제의 의미는 요소명제들에 의해 남김없이 드러나게 된다. 복합명제의 의미와 진리값truth-value은 그 구성요소, 즉 요소명제들의 진리값에 의해 결정된다. 이것은 이를 테면, P=f(p₁, p₂, p₃, …)이라는 함수적 기술로 나타낼 수 있다. 따라서 그 구성 요소의 진리값이 드러나게 되면 복합명제의 진리값이 계산된다. 모든 명제는 스스로의 요소명제들과 진리 함수적 관계를 맺고 있다는 비트겐슈타인의 주장은 이와 같은 것이다.

요소명제는 그것이 세계와 일치되고 있는지 그렇지 않은지에 따라 진리값이 결정된다. 가능한 모든 요소명제들이 주어져 있다고 가정하자. 그리고 그 요소명제가 모두 참이라고 가정하자. 이제 우리는 세계를 완전히 묘사할 수 있다. 왜냐하면 모든 일상명제들은 결국 요소명제들의 복합물이기 때문이다. 요소명제는 그것이 실재와 비교될 수 있는 그림이라는 점에서 세계에 대해 무엇인가를 말한다. 요소명제는 세계의 원자적 사실과 대응하는지 안 하는지에 따라 참과 거짓이 결정된다. 비트겐슈타인은 "분석의 최종결과인 요소명제가 분석되는 명제들과 달라서는 안 된다"라고 말한다. 요소명제들은 실재와 비교될 수 있기 때문에 의미를 지니게 되고 복합명제는 그 요소명제의 함수이기 때문에 의미를 지니게 된다.

다음과 같은 두 개의 명제가 요소명제라고 가정해 보자.

p: 비가 온다, q: 덥다. 그리고 명제 P는 p와 q를 '그리고~and~'
로 연결한 복합명제라고 가정해 보자. 이때 명제 P의 진리값은
p와 q의 진리값에 의해 결정된다.

p	q	P
T	T	T
T	F	F
F	T	F
F	F	F

이러한 관계는 P=f(p, q)라고 함수적으로 표현될 수 있고
여기에 f는 '그리고~and~'를 의미한다. 명제 P는 p, q 모두 참일
때에만 참이 되고 다른 경우에는 모두 거짓이 된다. 명제 P의
진리값은 전적으로 분리된 명제 p와 q의 진리값에 의해 결정된
다. P가 참일 경우 그것은 세계를 묘사하게 된다. 나머지 경우
에는 명제 P는 거짓이 되며 따라서 세계를 묘사하지 않는다. 이
렇게 자연과학적 명제의 총체가 세계의 총체가 되는 것이다.

이러한 분석이 동어반복과 모순명제에 어떻게 적용되는
가를 살펴보자. '인간은 이성적 동물이다'라는 명제를 p라고 하
고 '인간은 비이성적 동물이다'라는 명제를 not p라고 하자. 그
리고 이 두 명제를 '혹은~or~'으로 연결한 복합명제를 P라고 하고

'그리고and'로 연결한 명제를 Q라고 하자.

p	~p	P	Q
T	F	T	F
F	T	T	F

P와 Q라는 복합명제의 진리값은 p의 진리값에 관계없이 결정된다. 즉, P는 항상 참이며 Q는 항상 거짓이다. 다시 말해 P와 Q라는 복합명제의 진리값은 그 구성요소인 p 혹은 ~p의 진리값에 의해 결정되지 않는다. 그 요소명제의 진위에 상관없이 항상 참이 되는 명제를 '항진명제tautology' 혹은 '동어반복'이라고 말하고, 항상 거짓이 되는 명제를 '항위명제contradiction' 혹은 '모순명제'라고 한다. 명제들은 그것들이 말하고 있는 것을 보여 준다고 할 때, 항진명제와 항위명제는 사실상 아무것도 말하고 있지 않다. 내가 인간이 이성적인지 아닌지를 안다고 해도 결국 그 복합명제인 P와 Q가 참인지 거짓인지를 알 수 없다. 어떠한 복합명제가 항진명제 혹은 모순명제가 될 경우에는 그것은 명제가 아니다. 그것들은 퇴화된 명제이다.

IV
그림 이론
Picture theory

명제가 세계를 묘사할 수 있는 것은 어떻게 해서인가? 비트겐슈타인의 '그림 이론picture theory'은 위의 질문에 대한 답변이다. 다시 말하면, 그림 이론은 언어의 기능, 혹은 명제가 세계와 맺고 있는 관계에 대한 비트겐슈타인의 설명이다. 복합명제가 요소명제의 진리 함수라고 할 때 요소명제는 원자적 사실들의 '논리적 그림'이라고 그는 말한다. 다른 말로 하면 요소명제에 대응하는 우리 감각 인식상의 원자적 사실이 있다는 것이고, 요소명제는 그 감각 인식에 대한 언어 논리적 그림이라는 것이다. 다시 말하면 원자적 사실이라는 것은 세계가 드러나는 가장 기초적인 양상이고 그것은 우리에게 원자적 사실이라는 감각 인식으로 드러난다.

비트겐슈타인의 언어철학을 이해하기 위해서는 그가 언어를 하나의 선험적인 구조물로 가정하고 있다는 사실을 이해해야 한다. 그는 자기 논리의 정교함을 탐구의 결과가 아니라 탐구의 전제 조건, 즉 요청이라고 말한다. 그는 언어가 세계를 거울처럼 반영한다고 생각하고 있다. 그는 세계가 있고, 우리가 존재한다는 하나의 전제 조건으로 다시 말하면 우리가 세계에 대해 어떤 종류의 종합적 설명을 하고 살아간다는 전제하에 언어의 선험성을 가정하는 것이다. 이것은 마치 개에게는 개의 세계가 주어져 있고, 앵무새에게는 앵무새의 세계가 주어져 있는 것과 같다.

　　그가 관심을 기울였던 것은, 언어가 세계에 대해 진술하고 있는바 그것이 어떻게 가능한가였다. 다시 말하면 언어가 가능하다는 것, 세계에 대해 진술하는 것이 가능하다는 것은 주어진 사실이다. 어쨌든 모든 시대는 나름의 과학, 즉 세계에 대한 설명을 가져왔다. 여기에서 비트겐슈타인이 탐구하고자 하는 것은 어떻게 그것이 가능한가였다. 그의 언어철학이 잘못 이해되어서는 안 된다. 비트겐슈타인은 러셀 경이나 언어학자들이 생각했던 바와 같이 완벽한 언어를 도입하겠다는 의도를 가지지는 않았다. 논리적인 언어를 만드는 것은 그의 몫이 아니다.

언어와 논리는 처음부터 완벽한 채로 존재하고 있다. 그것은 선험적으로 주어져 있다. 다만 그는 그것이 어떻게 세계의 논리구조를 밝혀 주고 있는가에 관심이 있다. 칸트는 세계를 종합하기 위해 선험적 종합지식이 어떻게 가능한가를 묻는다. 칸트가 생각하는 선험적 종합지식은 이미 존재하고 있고 또 그것은 예를 들면 뉴턴의 물리학에서처럼 세계를 완벽하게 설명하고 있다. 칸트는 자기 탐구의 전제 조건으로 그러한 지식의 존재를 주어진 것으로 받아들인다. 마찬가지로 비트겐슈타인은, 언어는 이미 존재하고 있고 또 그것은 세계를 '이미' 설명하고 있다고 생각한다. 비트겐슈타인은 언어에 대한 자기 탐구의 전제 조건으로 '수정 같이 맑은 논리'의 존재를 전제하고 있다. 좋은 언어, 즉 '수정 같이 맑은 논리'를 도입하겠다는 것은 비트겐슈타인의 의도가 아니다.

그가 언어를 선험적인 것으로 본다는 것은 그가 요소명제와 원자적 사실의 개념에 도달하는 방식에서 뚜렷이 드러난다. 비트겐슈타인은 우리가 일상적으로 사용하는 명제들은 있는 그대로의 의미이며, 더 이상의 분석을 요구하지 않는다고 말한다. 이 명제를 언급하는 사람들은 자신의 명제를 통해 그가 무엇을 말하고 있는 바를 명확히 알고 있다고 말한다. 그러나 이 명제는 어떤 사람에게는 애매하게 보일 수도 있다. 내가 "진공관은 증폭 소자이며, 증폭 소자는 음성신호를 증폭시킨다"라고 말했다고 하자. 말하고 있는 나는 이 명제의 의미를 정확히 알고 있다. 그러나 듣는 사람은 이 명제가 무엇을 의미하는지 설명해 달라고 할 수 있다. 나는 일단 이 명제를 두 개의 명제로 분석한다. 즉, '진공관은 증폭 소자'라는 하나의 명제와 '증폭 소자는 음성신호를 증폭시킨다'는 두 번째 명제로. 그런 다음 다시 진공관은 무엇이다라고 설명하고 증폭 소자라는 것은 무엇인가를 설명한다. 이러한 분석 과정은 부단히 계속된다. 왜냐하면 진공관이란, 캐소드cathode의 음전하가 플레이트plate의 양전하 쪽으로 진행하는 것이라는 설명은 다시금 캐소드, 음전하, 플레이트, 양전하에 대한 설명으로 이어져야 하기 때문이다. 그러나 이 과정이 문자 그대로 무한히 이어질 수는 없다. 만일 언어가 세계에 대해 진술할 수 있는 것이 참이라면 그 과정은 어디에선가 끝나야 하고, 그 마지막 결과는 더 이상 분석될 수 없는 것으로서의 세계, 다시 말하면 우리의 감각 인식의 세계와 닿아야 하기 때문이다.

비트겐슈타인 자신은 그 분석의 끝인 요소명제에 대해 다음과 같이 말한다.

"내게 나타나는 명제들(요소명제들)에는 이름name이 나타나는바, 이것은 더 이상 분석이 진행되면 그 모습이 사라지게 된다. 나는 계속 분석이 가능하다는 것을 안다. 그러나 그것을 끝까지 수행할 수는 없다. 어쨌든 분명한 것은, 분석이 완벽히 진행 되더라도 그 결과는 다시 이름, 관계 등을 포함하는 하나의 명제(요소명제)가 있어야 한다는 것이다. 이런 식으로, 그것에 대해 하나의 예도 알지 못하면서, 마치 하나의 형식을 알고 있는 것처럼 나는 생각하게 된다."

비트겐슈타인은 더 이상 분석을 하지 못하는, 그리고 그 예조차도 들 수 없는 명제들이 있다고 말한다. 그는 그 명제들을 요소명제라고 부르며 그 존재를 '선험적인' 양식으로 확신한다. 그는 어떤 요소명제들이 존재해야 한다는 것이 논리학적으로는 확실하지만, 무엇이 그 예에 준하는지는 알 수 없다고 말한다. 왜냐하면 요소명제의 예는 경험적인 것이지만 비트겐슈타인은 단지 논리학을 할 뿐이기 때문이다.

그는 요소명제를 설명하며 언어와 그의 논리학의 선험적 성격을 분명히 말한다. 그는, 우리들이 요소명제가 존재해야 하는 사실을 순수한 논리적 근거에 입각해서 안다면 더 이상 분석이 불가능한 요소명제의 존재를 당연히 알게 된다고 말한다.

명제를 계속 분석해 나가면 요소명제가 되고, 요소명제는 이름 name 으로 구성된다. 즉, 하나의 요소명제는 이름으로 구성되며, 이름들의 연결이 된다.

이름이란 무엇인가? 사과, 태양, 지구 등과 같이 우리가 일상적으로 사용하는 명사들은 비트겐슈타인적 의미의 이름은 아니다. 왜냐하면 그것들은 더 분석 가능하기 때문이다. 그러나 비트겐슈타인이 정의하는 바의 이름은 더 이상 분석될 수 없는 하나의 '원초적 기호 primitive sign'이다. 이름은 단일한 어떤 것이며 부분들로 분해될 수 없는 어떤 것이다. 어떤 이름인가가 복합적인 어떤 것을 지칭한다면, 그것은 다시 그 구성적 부분으로 분해될 수 있으며, 따라서 하나의 이름이 될 수는 없다. 만일 명제 안에 있는 어떤 이름인가가 복합적이라면 그 명제는 다른 이름들과는 상관없이 요소명제가 될 수는 없다.

언어상의 이름은 우리 감각 인식상의 '대상 object'과 닿는다. 비트겐슈타인은, 하나의 이름은 하나의 대상을 지시하며, 대상들은 단순 simple 하다고 말한다.

"단순의 관념은 복합성이라는 관념과 분석이라는 관념 속에 이미 내포된다. 그러므로 우리는 대상 object 의 범례와 관련 없이, 혹은 (그에 대응하는) 이름을 진술한 (요소) 명제의 예와도 상관없이 단순의 개념에 이르게 된다. 따라서 우리는 단순한 대상이 존재한다는 것을 선험적인 방식으로, 즉 논리적, 필연적으로 알게 된다."

대상들이 존재하지 않는다면, 요소명제들의 이름들은 실제로는 거기에 대응하는 어떤 것도 지칭하지 못하게 되고 결국 그 요소명제는 의미를 지니지 못하게 된다. 중요한 것은 모든 일상명제의 진위는 요소명제에 달려 있다는 것이다. 이름에 대응하는 대상들이 없다면 결국 어떤 명제도 어떤 의미를 지니지 못하게 된다. 이것은 있을 수 없는 경우이다. 따라서 대상은 반드시 존재해야 한다.

예를 들어, '줄리엣은 로미오의 연인이다'라는 명제가 있다고 하자. 여기에서 '줄리엣'은 이탈리아의 아름다운 한 아가씨의 고유명사이다. 우리는 그녀에 대해 셰익스피어를 통해 잘 알고 있다. 줄리엣을 비트겐슈타인적 의미의 이름$_{name}$이라고 간주해 보자. 그녀가 죽거나 사라졌다는 가정을 해도 우리는 '줄리엣은 로미오의 연인이다'라는 명제가 무엇을 말하는지 안다. 그러나 여기에서 '줄리엣'이라는 이름은 더 이상 그 대상을 가지지 못하게 된다. 이 경우 '줄리엣은 로미오의 연인이다'라는 명제는 그 의미를 잃는다. 왜냐하면 '줄리엣'이라는 아무 의미도 없는 이름이 거기에 들어가 있기 때문이다. 즉 '의미가 통한다'는 것과 '의미가 있다는 것'은 명백히 다르다. 줄리엣이 죽거나 사라졌을 때에는 이 문장은 의미는 통하지만 의미가 있지는 않게 되는 것이다. 명제를 구성하는 이름들에 대응하는 대상object이 존재해야만 그 명제는 의미를 가진다.

이름은 실재reality의 한 요소이다. 그것은 변할 수도 파괴될 수도 없는 세계의 기본 단위, 즉 대상을 지칭하는 것이다. 왜냐하면 이름이 없다면 명제도 없고 따라서 세계도 사라지기 때문이다. 비트겐슈타인의 존재론은 이와 같은 것이다. 그의 존재론은 언어에 대한 인식론적 탐구로부터 나온다. 언어에서부터 세계는 선험적으로 존재하는 것, 다시 말하면 언어는 세계를 자신으로부터 유출시키는 것이 된다. "대상들은 세계의 실체를 구성하고, 경험적 실재는 대상들의 총체에 의해 규정된다"라고 비트겐슈타인은 말한다. 이제 세계는 그 정체를 드러낸다. 세계는 일단 대상들로 구성되어 있다. 이들이 결합되어 원자적 사실들이 된다. 이 원자적 사실들이 결합하여 우리가 경험하는, 다시 말하면 우리 판단에 떠오르는 '사실들'을 구성한다. 그리고 세계에 있어서의 대상, 원자적 사실, 일상 사실들은 그 언어적 대응물로 이름, 요소명제, 복합명제를 갖게 된다.

이제 '언어는 어떻게 세상을 묘사하는가'라는 문제를 해결해야 한다. 여기에 대한 비트겐슈타인의 대답은 "언어는 세계에 대한 논리적 그림"이라는 것이다. 우리는 악보를 보면 그 음악이 어떻게 연주될지 알 수가 있다. 악보에는 악보를 읽는 score-reading 어떤 규칙이 존재한다. 그렇기 때문에 악보 속에서 음악을 들을 수 있다. 언어가 세계의 설계도라는 가정을 했었다. 만약 우리가 충분한 건축학적 훈련을 쌓았다면 우리는 설계도가 그려지는 '방식'에 대해 알고, 그 설계도를 통해 건물이 어떠한가를 알 수 있다.

"그림 안에서 그림의 요소들은 대상의 대리물"인 것처럼, 명제 안에서 그 요소들은 세계의 사물들의 대리물이 된다. 우리는 평면에 그려진 그림에서 입체를 본다. 이것이 가능한 것은 그림이 그려지는 규칙, 다시 말하면 회화의 어법에 대해 우리가 알고 있기 때문이다. 언어의 문법은 이를 테면 그 논리적 구조이다. 우리가 그 논리적 구조라는 어법을 알고 있기 때문에 하나의 명제는 세계를 비추는 그림이 될 수 있다. 그림이 가능한 것은 그림의 요소들이 특정한 '방식'으로 결합되어 있기 때문이다. 이와 마찬가지로 언어의 요소들도 특정한 방식으로 결합되어 그에 해당되는 세계의 사실에 대해 말해 준다. 어떤 특정한 상황에 대한 그림은 그 상황에 대한 하나의 그림이지 다른 상황에 대한 그림이 아니다. 왜냐하면 그 그림의 구성 요소들이 맺고 있는 특정한 방식이 그것이 지칭하는 상황의 요소들이 맺고 있는 방식과 같기 때문이다. 그림의 논리적 구조는 그것이 나타내는 상황과 같은 것이다. 하나의 명제가 의미를 지니는 것은 그 명제 속에서 그 요소(단어)들이 서로 일정한 방식의 관계를 맺고 있기 때문이다.

요소명제는 단순히 이름들의 집합은 아니다. 이것은 음악의 주제가 음악적 기호의 집합이 아닌 것과 같다. 어떤 것이 명제가 되기 위해서는 이름들이 '일정한 방식'으로 결합되어야 한다. 그것은 원자적 사실 내의 대상들이 배열되는 방식과 같은 논리적 구조를 가져야 한다. 여기서 우리는 요소명제의 이름name과 그 요소명제가 묘사하는 원자적 사실의 대상들objects 사이에 일대일대응 관계에 의한 연결선을 그을 수 있다. 이것이 요소명제가 세상과 맞닿아 있다는 것을 말한다.

우리가 참이 아닌 명제를 이해할 수 있는 동기도 여기에 있다. 예를 들어 우리에게 '날개 달린 말이 하늘을 날고 있다'와 같은 명제가 제시되었다고 가정하자. 그리고 우리는 전에는 이러한 명제를 들어 본 적도 없다고 가정하자. 그래도 우리는 이

명제가 무엇을 의미하는지 알 수 있다. 우리는 거짓 명제에 대해서도 그 의미를 알 수는 있다. 그 거짓 명제가 그림의 논리적 구조에 맞추어 제시되었다면 우리는 그 상황을 머릿속에서 상상할 수 있다. 우리가 실제로는 존재하지 않는 음악의 악보를 보고 있다고 가정하자. 그때에도 우리는 그 악보가 연주된다면 어떻게 연주될지를 안다. 하나의 요소명제가 참이 되기 위해서는 그 요소명제가 그것이 묘사하는 원자적 사실과 합치되어야 한다. 그러나 하나의 명제를 이해하기 위해 그것을 반드시 실재와 비교하지 않아도 된다. 그것은 그림의 규칙에 맞추어 제시된 것이기 때문이다. 어떤 명제가 이해된다는 것과 그 명제가 참이라는 사실은 같은 말이 아니다. 결국 우리가 어떤 명제를 이해한다는 것은, 그 명제가 참이라면 어떤 상황에 대한 그림인가를 우리가 안다는 것을 의미한다. 왜냐하면 언어는 하나의 그림, 실재와 비교될 수 있는 그림이기 때문이다. 비트겐슈타인은 이러한 의미에서 "하나의 명제는 그 의미를 보여 준다. 만일 그 명제가 참이라면 그것은 사물들의 존재 양태를 보여 준다"라고 말한다.

　다시 한 번 설계도의 예로 돌아가 보자. 우리는 설계도를 보며 거기에 준하여 지어진 건조물을 상상할 수 있다. 왜냐하면 설계도는 건축적 문법에 맞추어 그려진 건물의 '그림'이므로. 그런데 우리가 그 설계도에서 약간은 이상한 것들, 그 건물 안에 있어서는 안 되는 것들이 그려져 있다고 가정하자. 우리는 물론 설계도의 그 이상한 기호들이 무엇을 말하는지 안다. 다시 말하면, 그 설계도에 준하여 건물이 지어졌다면 그것들은 그 건조물 내에서 어떠한 구성 성분들을 의미하는지 우리는 이해한다. 그럴 경우 우리는 설계도에 맞추어 그 건물을 점검해 볼 수 있다.

명제도 이와 마찬가지이다. 명제가 언어의 규칙에 맞게 제시되었다면 우리는 일단 그 의미를 이해하기는 한다. 즉, 그 명제가 참이라면 이 세계에 어떠한 것들이 존립해 있는가를 안다. 미심쩍으면 이제 마지막으로 그 명제를 세계와 대조해 보아야 한다. 경험은 검증에 있어 최종적인 심판관이다.

비트겐슈타인의 언어철학이 형식에 있어 선험적이지만 내용에 있어 경험적이라는 것은 바로 이러한 이유이다. 비트겐슈타인은 언어가 선험적으로 주어진다고 말한다. 그러나 언어의 내용을 이루는 것은 우리의 경험이다. 언어는 세계를 종합하지만 그 궁극적인 검증 기관은 우리의 경험인 것이다.

V
단순자에 대한 요청
Demand for the simples

우리의 일상적이고 상식적인 사유는 환원적 사고방식에 익숙해 있다. 우리가 분석을 끝까지 진행하면 결국 궁극적인 어떤 것에 도달하게 되고 거기로부터 세상이 만들어졌다고 생각한다. 아원자를 분해하면 어떤 물적 대상이 존재하지 않는다. 그러나 우리는 분석이 충분히 혹은 옳게 진행되었다고 생각하지 않는다. 새로운 분석에 의해 아원자가 또다시 분석될 수 있으리라고 생각하는 것이다. 그러나 우리는 결국은 분석의 최종 단위가 존재하리라고 생각할 수밖에 없다. 이러한 분석의 최종 단위가 명제에 있어서는 요소명제이고 세계에 있어서는 원자적 사실이다. 요소명제를 구성하는 이름name과 거기에 대응하는 대상object은 구성 성분으로서 분석의 최종 단위이다.

비트겐슈타인 철학이 우리를 당혹시키는 것은 이러한 분석의 최종 단위의 어떠한 예도 제시되지 않는다는 것이다. 비트겐슈타인은 일상 명제가 궁극적으로 요소명제들로 분해되고 일상 명제의 진위는 요소명제에 의해 결정된다고 말한다. 또한 요소명제를 구성하는 이름은 대상을 대응물로 지니고 있는데, 대상이 존재하지 않는다면 이름은 무의미하고 따라서 이름이 내포된 요소명제도 무의미하다고 말하고 있다. 그러나 이름이나 대상의 어떠한 예도 없다고 비트겐슈타인은 말한다. 비트겐슈타인은 그 존재를 선험적인 것으로 가정한다.

단순자들은 경험적인 것으로서 존재하는 것이 아니라 '요청'에 의해 존재하는 것이다. 우리가 그 예를 찾을 수 없다고 해서 그것이 존재하지 않는다고 말할 수는 없다. 우리는 두 가지가 존재한다고 말할 수 있다. 언어와 분석이 존재한다. 만약 단순자가 존재하지 않는다면 언어는 존재할 수 없고 또 분석은 가능하지 않다. '실존은 본질에 앞서는 것'처럼 현존이 단순자를 가정하는 것이다. 이것이 단순자에 대한 요청이다.

생명현상의 기원을 탐구하는 과학자들은 생명에 대한 분석의 최종 결과가 최초의 생명체라고 가정한다. 그러나 최초의 생명의 탄생은 어떤 과학적 가설로도 설명되지 않는다. 무기물의 황량한 세계에서 최초의 생명의 흐름은 어떤 기적의 연속으로도 설명되지 않는다. 왜냐하면 무생물과 생물 사이에 놓인 간극은 우리의 상상을 뛰어넘을 정도로 크기 때문이다. 그러나 생명현상은 지금 지구 상에서 번성하고 있다. 최초의 생명이 없었다면 현재의 생명도 없다. 생물학자들은 이상한 상황에 놓이게 된다. 수많은 생명이 존재한다. 다음으로 생명현상은 분석되어 그 현상의 최종 단계에까지 이를 수 있어야 한다. 그러나 그 분석의 최종 단위는 상상조차 할 수 없다. 결국 최초의 생명은 '요청'된다. 우리가 여기 존재하고 있다는 사실, 그리고 인간의 지식은 분석 위에 기초한다는 사실로부터 최초의 단순자의 존재가 요청되는 것이다.

유클리드 기하학은 수많은 수학적 정리를 산출했다. 모든 수학적 정의는 분석되어 최초의 출발점으로 갈 수 있다. '중선정리'는 피타고라스 정리로 환원되고, 피타고라스 정리는 다시 삼각형의 정리로 환원되고……. 결국 모든 정리의 종점은 최초의 공리에 이른다. 그러나 공리는 증명되지 않는다. 수학자들은 이것을 자명self-evident하다고 말한다. '두 점 사이의 가장 짧은 거리는 직선'이라든가, '평행선은 만나지 않는다' 등의 정의는 증명은 불가능하지만 부정할 수 없을 정도로 자명하다는 것이다. 어떤 고집스러운 사람이 증명이 불가능한 정의는 받아들일 수 없다고 한다면, 수학자는 그 고집스러운 사람에게, "당신이 살고 있는 집, 당신이 건너는 다리는 유클리드 기하학의 여러 최종적 정리에 의해서 가능한 것"이라고 말해 줄 것이다. 다시 말하면 수학적 현존이 최초의 공리와 공준의 자명성을 '요청'하는 것이다.

황금을 손에 쥔 사람은 최초의 티끌의 존재를 요청한다. 그가 티끌에 대해 모르고 또한 티끌을 모아 황금을 만든 사람이 아니라 해도, 손에 황금을 쥐는 순간 잔돈푼은 그 안에 이미 내재되어 있는 것이다. 우리는 티끌이 모아져서 황금이 되는 예를 제시할 수 없다. 황금이 되기에 티끌은 너무 작은 것이다. 그러나 여기 황금이 존재한다면 티끌의 존재는 요청되는 것이다.

비트겐슈타인 철학이 이러한 측면, 즉 '단순자에 대한 요청Demand for the simples'이 그의 철학에 선험적인 성격을 부여한다. 그가 언어를 선험적으로 주어진, 세상에 대한 묘사로 볼 때 이미 단순자는 요청되는 것이다. 그 최종적인 예를 발견할 수 없고, 또한 발견할 가능성이 없다고 해도 언어의 세계는 화려하게 펼쳐져 있고 세상을 해명하고 있다. 그러므로 그 최종적인 단순자들은 없을 수 없는 것이다. 언어가 존재한다는 사실로부터 요소명제와 이름들은 선험적으로 요청된다. 세계의 단순 사실들과 대상들도 마찬가지로 요청된다. 왜냐하면 세계는 존재하고 있으므로. 어떤 기원인가로부터의 축적에 의해 세계가 존재하는 것이 아니라 세계의 현존이 기원의 존재를 요청한다.

어떤 중학생에게 '삼각형의 내각의 합이 2R이 되는 것을 증명하라'라는 문제가 제시되었다고 가정하자. 이 훌륭한 중학생은 '동위각과 엇각은 같다'라는 정리를 이용하여 증명하고 교사는 만족한다. 이때 철학적 탐구열을 가진 다른 훌륭한 학생이 교사에게 묻는다. 동위각이 어떻게 같을 수 있는가와 엇각이 어떻게 같을 수 있는가를. 그것들 역시도 증명 되어야 하지 않느냐고. 교사는 아마도 이 학생의 망각증을 들추어 낼 것이다. 언젠가 배웠지 않느냐고.

우리는 기하학적 질문과 증명을 거듭해 나갈 수 있다. 이 과정은 결국 공리와 공준에 부딪혀 끝나게 된다. 우리는 이것들은 증명될 수 없다는 사실을 안다. 그리고는 '자명하다'고 말한다. 그러나 세상에 '자명'이라는 것은 없다. 자명은 독단dogma의 다른 이름일 뿐이다. 사실상 우리의 수학은 매우 의심스런 독단 위에 기초해 있다. 그래도 우리는 그 수학을 이용하여 우리의 물질적 세계를 설명하고, 컴퓨터 프로그래밍도 하고, 거창한 토목공사도 한다. 독단을 기반으로한 세계가 그럭저럭 흘러간다. 우리가 이러한 수학세계에 사는 한 우리는 출발점의 그 독단들이 옳다고 믿을 수밖에 없다. 즉, 애초의 공리와 공준의 '참'임은 우리의 수학적 세계가 존재한다는 사실로부터 '요청'되는 것이다.

다른 하나의 예를 보자. 인간 기원에 대해 어떤 생물학자가 '원숭이로부터'라고 했다고 하자. 그리고 그 개연성을 엄밀하게 증명했다고 가정하자. 대부분의 사람들이 만족하는 가운데 누군가가 끝없이ad infinitum 생명현상의 기원을 탐구해 나간다고 가정할 수 있다. 그는 그의 탐구의 종점에서 좌절에 빠진다. 최초의 생명현상을 설명할 수 없는 것이다. 결국 현재 다양한 생물 종이 지구를 물들이고 있다는 사실, 내가 존재하고 있다는 사실로부터 최초의 생명이 요청될 수밖에 없다.

어떤 명제의 진위는 바로 그 하부의 분석된 명제들의 진위에 의해 판가름난다. 우리 명제의 진위가 궁금할 때, 우리는 우리 명제를 분석하고 그 분석된 명제들의 진위를 살핀다. 그러나 누군가가 '나는 끝까지 밀고 나가서 결판을 보고야 말겠다'라고 한다면 궁극적으로 존재한다고 믿어지는, 그리고 존재해야만 하는 그 명제들을 우리는 찾을 수 없다. 이것이 '요소명제'이다. 요소명제는 마치 아원자와 같아서 분석에 의해 그 실체가 사라진다. 그러나 우리는 그 요소명제들의 존재를 가정할 수밖에 없다. 왜냐하면 휘황찬란하게 도열된 수많은 자연과학적 가설들에 의해 우리 세계가 어쨌든 해명되고 있으니까. 만약 우리가 우리 세계를 해명하고 있는 바로 그 자연과학에 대해 신뢰를 가질 양이라면 최초의 요소명제에 대해서도 신뢰를 가져야 한다. 신뢰를 가지지 않을 수 없다. 우리는 하나의 자연과학을 가지고 있을 뿐이기 때문이다. 그러므로 요소명제의 진위에 의해 우리 세계의 진위가 결정된다는 가정은 매우 당연한 것이다.

10층에 사는 우리가 안전하다고 가정하면 1층이 기초하는 기반이 안전하다고 가정해야 할 뿐만 아니라 또 그 기반의 존재를 요청할 수밖에 없는 것이다. 자세한 설명은 다음과 같다. 우리는 10층에 살고 있다. 매우 안전하다고 믿고 살고 있다. 그 안전성에 대한 확신은 9층이 안전하다는 증명으로 충분하다고 믿고 있다. 어떤 모험심으로 가득 찬 사람이 탐구의 길을 떠난다. 그리고 8층, 7층, 6층을 거쳐 그의 탐험을 계속한다. 마침내 1층에 도착한 그는 어이없는 상황에 매우 당혹해한다. 1층은 알 수 없는 어떤 기반위에 기초해 있다. 그 기반은 짙은 안개에 싸여 탐사는커녕 그 존재조차도 의구스럽다. 10층의 안전이 1층이 기초한 기반의 안전성에 의존한다는 것은 확실하다. 이것은 하나의 '논리학'이다(그래서 비트겐슈타인은 스스로 논리학자라 했다). 10층에 내가 살고 있다는 복합명제의 진위는 요소명제의 진위에 의존한다는 것은 이를테면 '선험적'으로 가정되는 가설이다. 그런데 건물의 기반이 안개에 싸여 있는 것과 마찬가지로 요소명제의 범례는 하나도 존재하지 않는다. 우리의 세계는 이와 같다.

복합명제의 진위가 요소명제의 진위에 의해 결정된다는 것, 다시 말하면 복합명제는 요소명제의 함수라는 것은 필연적인 논리적 가설이다. 그렇지 않다면 우리는 논리학을 잃는다. 우리가 논리학을 유지하려면 그 가설을 당연한 것으로 받아들여야 한다. 요소명제의 예를 발견할 수 있느냐 그렇지 않느냐의 문제는 중요하지 않다. 왜냐하면 우리는 어쨌든 이 삶을 살고 있기 때문이다. 우리는 우리 삶을 지탱하는 바로 그 아래의 하부구조의 진리값이 참이라는 사실로 만족한다. 요소명제의 존재와 그것이 참임은 단지 요청될 뿐이다. 우리 세계와 우리 자신의 현존이 그것을 요청한다. 만약 우리 세계가 만족스럽게 해명되지 않는다고 생각하면 우리는 패러다임을 바꿀 것이고 바뀐 패러다임에 입각한 새로운 요청을 할 것이다.

철학이 궁극적인 실증성을 갖지 못하는 것은 모든 자연과학이 궁극적인 실증성을 갖지 못하는 것과 같다. 우리는 새장 속에 갇혀 악순환을 한다. 비트겐슈타인은 이것을 밝혔을 뿐이다. 삶과 앎의 궁극적 의미는 이와 같다. 앎은 없고 알기 위해 애쓰는 '나'만 존재한다.

비트겐슈타인 철학의 이러한 선험성이 환원주의 철학의 극복 가능성을 제시한다. 환원주의는 현재의 모든 문화 구조물들이 환원적 기원의 탐구에 의해 설명 가능하다는 이념이다. 쇼펜하우어는 지성의 기원을 살고자 하는 의지에 놓고, 마르크스는 상부구조물을 생산관계라는 기원에 놓고, 다윈은 인간의 기원을 원숭이에 놓고, 프로이트는 문명의 기원을 성적 욕구에 놓는다. 이러한 설명은 커다란 설득력을 지니고 있고 문화의 해명에 상당한 기여를 했다. 남는 문제는 상부구조물들이 하부구조만으로 설명되는 것 이상의 것이라는 사실이다. 원숭이에 아무리 많은 변주를 가해도 인간을 완전히 설명할 수는 없다. 과거에 의해 현재가 완전히 해명되지 않는다는 사실은 역사학이 빠진 곤경 중 하나이다. 비트겐슈타인의 철학은 이것을 뒤집을 것을 요구한다. 즉, 과거에 의해 현재를 해명하는 것이 아니라 현재가 과거를 요청하는 것이다.

모든 역사는 현대사이다. 현재는 과거를 재해석하는 것을 지나쳐서 과거를 재창조하기까지 한다. 모든 문제는 현재에 있고 문명의 궁극적인 종점에 있다. 현재의 그가 전체의 그인 것이다.

VI
말해질 수 없는 것
What cannot be said

$-b \pm \sqrt{b^2-4ac}/2a$는 $ax^2+bx+c=0 (a \neq 0)$인 2차 방정식의 일반해이다. 3차 방정식의 일반해도 역시 구해져 있다. 한때 유럽의 수학계는 5차 방정식의 일반해를 구하는 일에 몰두해 있었다. 아벨Abel이 5차 방정식의 일반해를 구하는 것은 수학적으로 불가능하다는 것을 증명함에 의해 5차 방정식의 일반해에 대한 의문은 없어지게 되었다.

자와 컴퍼스만으로 각을 삼등분한다는 것이 수학계의 커다란 도전이었던 적이 있다. 이 업무 역시 불가능하다는 증명으로 물러가게 되었다.

우리는 질문에 대한 두 가지 답변을 가정할 수 있다. 한 답변은 물론 해답을 제시하는 것이다. 다른 하나의 답변은, 그 질문 자체에 대한 검증을 요구하는 것이다. 즉, 애초에 그 질문은 답변될 수 없다는 것을 입증함에 의해 답변을 대신할 수 있다. 비트겐슈타인은 이 두 번째 답변에 해당되는 질의와 해답을 "말해질 수 없는 것What cannot be said"이라고 말한다.

철학이라는 학문은 자기가 품었던 의문 자체에 의문을 품는다는 독특성을 가진다. 존재의 제1원리, 자아, 신 등이 철학이 제기하는 주요 질문이다. 그러나 어떤 철학은 이러한 질문 자체가 물을 수 있는 질문인가를 묻는다. 중세의 말에 오컴은 이미 이러한 문제가 인간 지성의 영역 안에 있을 수 있는가 하는 의문을 품는다. 흄은 단호하게 이러한 영역을 인간 이성의 영역 밖으로 구축해 낸다. 그는 심지어 지성의 존재 자체를 의심한다. 칸트는 이러한 영역이 순수이성의 영역에 들어오기 때문에 수용하기보다는 실천적으로 필요하기 때문에 수용한다. 비트겐슈타인은 그의 언어철학에 입각해서 이러한 영역들을 언어의 세계에서 구축해 낸다. 이것이 '말해질 수 없는 것'이다. 그러한 질문은 물어지지 말아야 했다. 그러한 질문에 대한 답변 역시도 '말해질 수 없는 것'이다. 이러한 답변이 결국 '독단dogma'이다.

비트겐슈타인의 세계는 언어의 세계이고, 그 언어는 자

연과학적 명제의 총체이다. 그것들은 경험적 검증을 전제하고 있다. 선험적으로 존재하는 세계라 해도 그 명제들은 세계와 맞닿아 있다. 비트겐슈타인은 이 세계만이 유일하게 말해질 수 있는 세계라고 주장하고 있다. 다시 말하면 과학적 명제만이 말해질 수 있는 언어이다. 그러나 형이상학적 언어들은 경험적 검증이 불가능하다. 그러므로 형이상학의 언어들은 명제라고 할 수 없고, 또 명제만으로 이루어진 언어 내에 자기들의 자리도 가지고 있지 않다.

현재의 과학철학은 과학적 가설의 의미를 '반증 가능성'이라는 전제에 두고 있다. 어떤 과학적 가설이 하나의 믿을만한 가설(잠정적인 과학적 법칙)이 되기 위해서는 먼저 반증 가능해야 하고, 다음으로는 아직까지 반증되지 않아야 한다. 비트겐슈타인이 생각하는 언어의 세계도 이와 같다. 언어는 선험적으로 주어져 있지만 — 마치 과학적 가설들이 우리에게 주어져 있듯이 — 그것들은 언제라도 경험적 검증이 가능해야 하고 또한 실제로 검증했을 때 그에 일치하는 세계(사실상 우리의 감각 인식)를 가져야 한다. 그러나 형이상학적 언어들은 반증 가능성 자체가 없다. 왜냐하면 그에 대응하는 세계(감각 인식)가 없기 때문이다. 이것들이 '말해질 수 없는 것'들이다.

형이상학, 철학, 미학, 신학 등의 명제들이 모두 '말해질 수 없는 것'들이다. 그것들은 경험적 검증이 불가능한 것들이기 때문이다. 그러므로 엄밀한 의미에서 이러한 것들은 명제가 아니다. 우리는 이러한 명제들이 과학적 명제와 같은 형식을 지니고 있기 때문에 언어의 세계에서 대등한 존재 의의를 가진다고 생각하지만 명제를 명제로 만드는 것은 동시에 경험적 이유를 가지고 있어야 한다. 그러나 이러한 명제들은 그러한 내용을 가지고 있지 않다. 따라서 이러한 명제들은 아무것도 말하지 않고 있는 사이비 명제이다. 그것들은 언어의 한계를 넘어서려고 하고 있고 따라서 세계를 넘어서려고 하고 있다. 그러나 "언어의 한계가 세계의 한계The limit of the language is the limit of the world"이다.

　　비트겐슈타인은 그러나 여기서 반전한다. 세상의 여러 가지, 이를테면 종교적 가치, 형이상학적 가치, 미적 가치 등은 '말해질 수 없는 것What cannot be said'이긴 하지만 '보여질 수 있는 것What can be shown'이라고 비트겐슈타인은 주장한다. 심지어 그는 '말해질 수 있는 것'과 '보여질 수 있는 것'을 구분하는 것이 철학의 주요 과제라고 말한다. 그는 "말해질 수 있는 것을 명료하게 함으로써 말해질 수 없는 것을 나타내고자 한다"라고 말한다.

명제는 그것이 세계의 논리적 그림인 한에서만 의미를 갖는다. 어떤 그림도 선험적으로 참일 수는 없다. 그러나 실재와 비교하지 않고 그림만으로 그것이 참인지 거짓인지를 말하는 것은 불가능하다. 철학적 명제는 무엇인가? 철학적 명제는 경험을 전제하지 않는다. 그것들은 말할 수 없는 것을 말하려 시도한다. 비트겐슈타인은, "철학적 명제와 물음들은 거짓이기 때문이 아니라 말도 안 되는nonsensical 헛소리이기 때문에 우리는 거기에 대해 어떤 답변도 할 수 없다"라고 주장한다. 우리는 단지 그것들이 말도 안 된다는 것을 입증할 수 있을 뿐이다. '어떻게' 실재가 있는가가 말해질 수 있는 것의 전부이다. 실재가 그 본질에 있어 '무엇인가'에 대해서는 아무것도 말해질 수 없다. 그런데 형이상학이나 미학이나 신학 등은 바로 이것에 대해 말하고자 한다. 그러므로 '헛소리'인 것이다.

비트겐슈타인은 두 가지 설명을 통해 이러한 명제의 불가능성에 대해 말한다. 우선 필연과 우연을 구분함으로써 이러한 명제의 불가능성을 말한다. 우리 세계는 우연적인 것이다. 우리 세계는 '우연히' 그렇게 존재하게 되었고, 우리 역시 '우연히' 그렇게 존재하게 되었다. 여기에는 어떠한 필연도 없다. 물론 우리의 세계는 다른 어떤 것이 될 수도 있었을 것이다. 그러나 그 경우에도 그 세계는 '우연히' 그렇게 된 것이다. "세계에서 모든 것은 있는 그대로 있고, 모든 것은 발생한 그대로 발생한다." 그러나 형이상학이나 신학 등은 현상이 아니라 가치에 대해 말한다. 가치는 언제나 필연적인 것이다. 가치는 언제나 정언적인categorical, 다시 말하면 무조건적인 것이다. 이것은 이 우연적 세계 안에 자신의 자리를 가지지 못한다. 세계 내부는 경험적인 것이고, 따라서 우연적인 것이다. 세계에 의미가 있다면 그것은 아마도 세계 밖에 놓여야 한다. 어린아이의 규범과 가치가 그들 세계 내에서가 아니라 그들 세계 밖, 즉 어른에 의해 규정되듯이, 세계에 의미가 있다면 그것은 세계 밖의 좀 더 고차적인 존재에 의해 주어져야 할 것이다. 우연적이 아닌 것은 세계 안에 존재할 수 없다. 그것은 세계 밖에서 이 세상에 대해 무엇인가를 할 때 가능해진다.

다음으로 비트겐슈타인은 차원을 통해 형이상학적·미학적·신학적 명제의 불가능성에 대해 논증한다. 명제에는 차원이 없다. 즉 모든 것이 대등하다. 왜냐하면 모든 명제는 경험적 사실을 전제하기 때문이다. 그러나 형이상학이나 신학 등은 명제 위의 명제임을 자임한다. 그것은 경험적 명제를 초월하여

진체로서의 경험을 가능하게 하는 제1원리에 대한 것이라고 말한다. 그러나 비트겐슈타인은 세계 안에 사물이 존재하는 양태, 즉 그의 명제가 스스로의 의무로 알고 있는 '어떻게' 사물들이 존재하고 있는가를 말하는 문제는 고차적인 명제들과는 전혀 상관없다. 여기 이 지상세계에 신은 스스로를 드러내지 않는 것이다. 그러므로 보다 고차적임을 주장하는 명제들을 위한 자리는 비트겐슈타인의 언어세계에는 없다. 삶의 의문에 대한 해결, 즉 형이상학적 답변들은 우리가 처한 시간과 공간 밖에 놓여 있다. 그러나 명제들은 시간과 공간 내에서의 문제이다.

여기서 중요한 것은 '보여질 수 있는 것'에 대한 비트겐슈타인의 강조이다. 형이상학적·윤리적·신학적 명제들이 배제되는 것은 그것들이 '무의미'하거나 '거짓'이기 때문이 아니라 단지 이 세계 내에 있기에는 '불합리nonsensical'하기 때문이다. 이러한 명제들은 삶의 궁극성에 대한 문제이다. 이것에 관한 명제들은 참이 확증되지 않는 것처럼 거짓이 확증되지도 않는다. 이 질문들은 인간 본성과 관련하여 의미가 없을 수 없다. 누군들 자신의 존재 의의에 대한 의문이 없다고 할 수 있는가?

신의 존재에 대해서도 마찬가지이다. 신은 그 존재가 확증되지 않는 것처럼 그 부재가 확증되지도 않는다. 그것은 우리

명제의 범위를 넘는 문제이다. 신의 존재에 대한 신념, 혹은 그 부재에 대한 신념은 행동으로 보여야 할 것들이지 명제로 말해 질 수 없는 것들이다. 어느 철학자도 신의 부재에 대해 말한 적 이 없다. 그들은 단지 신이 지상세계, 즉 우리 감각의 세계 내에 는 없다는 것을 말할 뿐이다. 인간이 언어의 한계를 넘어서려 는 충동을 갖고 있는 것은 사실이다. 인간은 그들의 심적 · 존재 론적 경외감에 대해 무엇인가를 말하려 한다. 그러나 이러한 경 외감은 물어질 수도 답변될 수도 없는 것들이다. 이것들은 단지 선험적인 난센스일 뿐이다.

다음은 말해질 수 있는 것과 보여질 수 있는 것에 대한 비트겐슈타인 자신의 언급이다.

"나 스스로의 성향, 윤리나 종교를 언급하려는 모든 사 람들의 성향은 결국 언어의 한계에 부딪히게 된다고 나는 생각 한다. 우리가 갇혀 있는 새장에 부딪히는 것은 희망이 없다. 윤 리학이 삶의 의미, 절대 신, 절대 가치에 대한 것을 말하는 한 그것은 과학이 아니다. 그것은 우리의 지식을 확장시켜 주지 못 한다. 그러나 윤리학은 내가 개인적으로 경의를 표하지 않을 수 없는 인간 정신의 성향에 대한 하나의 기록이며 나는 스스로의 삶에 있어 그것을 경솔히 여길 수 없다."

VII
철학의 의미
The meaning of philosophy

철학은 세계에 대한 것, 다시 말하면 우리의 감각 인식에 대한 것은 아니다. 참인 명제의 총체가 자연과학이라고 할 때, 철학은 우리가 진위를 확증할 수 있는 명제를 말하지 않는다. 다시 말하면 철학은 세계에 대해 말하지 않는다. 그러므로 우리는 철학적 명제들을 자연 과학적 명제처럼 받아들여서는 안 된다. "철학은 자연과학의 옆이 아니라 위 또는 아래에 위치하고 있는 어떤 것을 의미한다." 철학은 우리에게 어떠한 지식도 주지 않는다. 그렇다면 철학은 무엇을 위한 것일까?

비트겐슈타인은, "철학의 목적은 사유의 논리적 명료화에 있다"라고 말한다. 철학은 학설의 체계가 아니라 오히려 학설과 관련한 활동이 된다. 다시 말하면 그것은 명제 자체를 언급하는 것이 아니라 언급된 명제들을 명료화하는 것과 관련 있다. 철학이 없는 사유는 희미하고 불분명하다. 철학의 임무는 사유를 명료하게 하고 사유에 관계를 제시하는 것이다. 사유할 수 있는 것, 즉 말해질 수 있는 것에 대한 한계가 설정되어야 하는 것은 분명하다. 그래야 사유할 수 없는 것에 대한 한계가 설정된다. 말해질 수 있는 것을 통해서 말해질 수 없는 것이 분명해지며, 철학의 임무는 이것을 분명히 밝혀 주는 것이다.

전통적인 철학자들은 형이상학적 명제들과 진정한 명제들과의 형식적 유사성에 기만당해, 다시 말하면 언어가 무엇에 대한 것인가에 대해 몰랐기 때문에 형이상학적 명제들을 마구 사용해 왔다. 철학은 이 사실을 밝히기 위한 것이다. 즉, 철학은 명료화와 해명을 위한 하나의 '활동'이다. 비트겐슈타인은 다음과 같이 말한다.

"올바른 철학적 방법은 다음과 같다. 말할 수 있는 것, 철학과는 관련 없는 자연과학의 명제들 이외에는 아무런 말도 하지 말아야 한다. 어떤 사람이 형이상학적인 것을 말하고자 하면 그에게 그가 말하는 명제 속의 어떤 기호에도 의미가 부여되지 않는다는 사실을 철학은 지적해야 한다. 우리는 그에게 철학을 가르쳤다는 느낌을 갖지 못할 것이다. 어쩌면 이것은 만족스러운 (철학적) 활동이 아닐지도 모른다. 그러나 이 방법이 엄밀하게는 올바르며 유일한 (철학적) 방법이다."

이제 철학은 더 이상 그 안에 탐구 주제와 소재를 가진 독립적인 하나의 학문이 되지는 못한다. 철학의 유일한 임무는 누군가가 말해질 수 없는 것을 말할 때마다 그 명제들이 난센스하다는 것을 그에게 가르쳐 주는 '소극적'인 기능이 되고 말았다.

어떤 사람이 형이상학적 명제를 언급했다고 하자. 그러면 우리는 그에게 물어야 한다. 당신이 하고 있는 말은 무엇을 의미하는가? 그 명제의 진위는 어떻게 결정되는가? 당신의 명제 속에 있는 요소들이 지칭하는 것은 실제로 무엇인가? 등. 결국 우리는 그의 명제가 요소명제로 분석되어야 하며 그때 그 요소명제가 지칭하는 것은 무엇인가를 묻게 된다. 그때 우리는 그의 요소명제 속에 있는 이름name이 사실은 대상object을 지칭하고 있지 않다는 것을 그에게 보여 줄 수 있다. 이러한 철학적 활동은 물론 누군가가 보여야 할 것들을 말하고자 할 때에만 적용될 수 있다. 누군가가 명제의 형식을 보지 않고 이것들을 말할 때엔 분석의 여지가 없다. 시나 소설이나 회화나 조각 등은 분석의 대상이 아니다. 왜냐하면 그것들은 말해진 것이 아니라 보여진 것이기 때문이다.

말해질 수 없는 것, 즉 보여야 하는 것은 말해질 수 있는 것 못지않게 중요하다. 우리가 그것을 중시한다는 것이 우리는 동물이 아니라는 것을 말한다. 그것들은 자연과학을 제외한 예술, 형이상학, 신앙 등과 관련한 것이다. 이러한 것들을 명제적인 의미에서는 침묵을 요구한다. 그러나 우리는 행위에 의해 이것에 대한 우리의 신념을 보여 주어야 한다. 철학의 임무는 이러한 상황을 밝혀 주는 것이다.

VIII
비트겐슈타인의 의의
The meaning of Wittgenstein

흄이 인과율에 대한 의심을 품었을 때 자연과학이 구성한 세계 상과 우리가 우리에게 부여한 지성에 대한 확신이 붕괴되었다. 칸트의 비판철학은 이렇게 붕괴된 세계를 인간의 숙명이라고 말할 수 있는 인간의 감성과 오성 형식으로 후퇴시켜 구원하려 는 시도였다. 그러나 세계는 회복될 수 없었다. 그의 영웅적 시 도도 무너져 가는 세계를 지탱할 수 없었다. 칸트는 이를테면 철학사의 간주곡이었다. 철학의 경향은 붕괴와 해체로 가고 있 었고 그것은 어떤 노력으로도 막을 수 없는 것이었다.

르네상스 이전까지는 상황이 이와 상반되어 있었다. 철 학은 견고한 세계상을 구축하고 있었고, 소피스트와 오컴 등이 그 허구성에 대한 조심스럽고 반항적인 견해를 힘없이 피력할 수 있을 뿐이었다. 세계의 견고성이 흔들린 것은 니콜라우스 쿠자누스와 코페르니쿠스 등이 지구의 운동에 대해 말하기 시작했을 때였다. 그때 이후로 세계는 전과 같을 수 없었다. 지구의 고정성에 대한 믿음이 흔들림에 따라 세계의 견고성과 정합성도 흔들렸다.

이때 이후로는 해체된 세계상이 주된 세계관이었고 그것을 통합하려는 시도가 오히려 가냘프고 헛된 노력이 되었다. 칸트 역시도 이 헛된 노력을 했던 철학자의 한 명이었다. 칸트의 세계는 구축되며 이미 붕괴했다. 사람들은 이제 자신의 파편적인 감각 인식의 관계 지음 이외에 어떤 것도 가능하지 않다고 생각하게 되었다. 불안과 절망과 혼돈과 회의의 시대가 도래했다. 세계의 총체성에 대해 무엇인가를 말하고자 하는 사람들은 "그 배후에 황금, 자만심, 질병에의 요구를 지닌 거짓 예언자"들이 되었다 .이제 인간의 행동을 규제하는 강령은 실정법을 제외하고는 모두 사라졌고, 신은 적어도 우리 지성 속에서는 죽고 말았다. 모두가 목표를 잃었고 목적지를 잃었고 의미를 잃었다. 모두가 허깨비처럼 이 세상을 부유하는 하루살이가 되고 말았다. 현재까지 구원의 가능성은 없다. 적어도 인류가 전통적으로 구해 왔던 양식 — 이성과 신에 의한 — 내에서는 구원의 가능성은 없는 것처럼 보인다.

소피스트들의 늪에서는 신에 의해 구원받았고, 유명론적 회의주의의 늪에서는 인간 이성과 과학에 의해 구원받았다. 이성과 과학의 붕괴에 의해 다시 도래한 이 회의주의의 늪에서는 무엇이 구원자가 될까? 영국의 경험론자들과 독일의 경험비판론자들에 의해 전면적인 것으로 드러나고 만 이 절망의 시대는 무엇에 의해 구원받을까?

비트겐슈타인이 그의 언어철학을 구축하기 위해 사용했던 양식이 칸트가 구사했던 방법론을 닮았다 해도 그의 내용은 칸트와 완전히 달랐다. 비트겐슈타인은 기껏해야 우리가 빠져 있는 상황을 정확히 보여 주고자 했다. 그가 통합한 세계는 어떤 가치도 의미도 배제되어 있는 강철로 만들어진 새장과 같은 것이다. 우리는 우리 처지를 자주 잊고는 새장을 벗어나 보려는 헛되고 거짓된 시도를 하기도 한다. 때때로는 벗어나 있다는 환각에 빠지기도 했다. 그러나 비트겐슈타인은 이것은 원초적으로 불가능하다는 것을 보인다. 그의 언어는 우리 경험에 기초한 감각 인식의 관계 지음이다. 이것은 세계를 덮고 있는 강철의 새장이다. 우리는 누구도 이 새장을 벗어날 수가 없다. 심지어는 우리 존재의 기초 자체도 기껏 요청에 의해 존재한다.

비트겐슈타인이 구축한 세계는 아직까지 유효하다. 이것은 그가 혁명적인 세계를 구현시켰기 때문이 아니라 그가 그만큼 우리 인식 가능성을 후퇴시켰기 때문이다. 우리는 한때 우리가 점령했던 영토, 신에 대한 인식에까지 미쳤던 우리 영토를 포기해야 했다. 아마도 비트겐슈타인은 그곳은 사실상 인간의 영토였던 적조차 없었다고 말할 것이다. 우리는 한없이 물러났고 이제 우리의 직접적인 감각 인식의 세계까지 물러나야 했다. 비트겐슈타인은 이 감각 인식의 관계 지음이 곧 언어, 그중에서도 과학명제라고 말하고 있다. 그가 세계를 설명한다고는 해도 그는 새장 밖에 있지는 않다. 세계에 대한 통합은 새장 밖에서만 가능하다. 전체로서의 세계는 밖에서 보아야만 조망 가능하기 때문이다. 그러나 비트겐슈타인은 누구도 새장 밖에 있을 수 없다고 말한다. 그러므로 전통적인 의미에 있어서의 세계의 통합은 그에게조차 가능한 것이 아니다. 그는 단지 세계를 설명할 뿐이다. 세계는 마술과 의미를 동시에 잃었다. 세계는 사막이 되었다.

비트겐슈타인은 만약 우리가 우리 언어를 하나의 체계로 인정하고 인식을 그 안으로 후퇴시킨다면 적어도 '만들어진' 인식은 가능하다고 말한다. 이것은 플라톤의 우화를 뒤집어 놓은 것이다. 플라톤은 사슬을 풀고 동굴을 벗어나 이제 더 이상 그림자 보기를 그치기를, 빛에 의해 밝혀진 실체를 볼 것을 요구한다. 그러나 비트겐슈타인은, 그림자밖에 볼 수 없는 것이 우리의 운명이고 이데아를 본다는 우리의 신념이야말로 오도된 착각이라고 말한다. 다시 말해 그림자만이 '말해질 수 있는' 세계의 전부인 것이다. 비트겐슈타인은 선언한다. 우리의 실체는 언어라는 거울 속에 존재한다고. 엄밀히 말하면 거울 속에 우리의 감각 인식이 관계 지은 명제들이 도열해 있다고. 우리는 거울만을 보도록 운명 지어져 있고, 우리의 운명은 사슬을 벗어날 수 없다.

우리의 삶이 표면적인 초연함 밑에 자못 깊고 장엄한 비극성을 띠고 있는 이유가 여기에 있다. 부조리와 소외를 삶의 조건으로 받아들이는 외에 다른 대안은 없다. 다시 말하지만 새장을 벗어날 가능성이 없기 때문이다. 비트겐슈타인의 인식론의 존재론적 대응이 실존주의이다. 실존주의는 "실존이 본질에 앞선다"라고 말한다. 이것은 세계의 본질, 곧 실체에 대한 인식은 불가능하고 남은 것은 현존밖에 없다는 선언이다. 그들은 삶의 부조리, 즉 그림자밖에 못 보는 우리의 운명, 정작 우리 자신에게 본질적인 의미를 지녀 왔던 것들에 대해서는 말하지 말아야 한다는 비트겐슈타인의 요청에 의해 절망적 상황에 처해 있는 자기 자신을 본다. 어디에도 구원의 가능성은 없다. 그것을 구하기에는 세계는 너무 차갑고 단단하다.

　　무지 속에 처해 있지 않다면 향락은 언제나 절망의 다른 이름이다. 세계에 의미가 있다면 모든 것은 질서 속에서 갑자기 밝아진다. 우리의 학문, 우리의 예술, 우리의 하루는 의미를 갖게 되며 자신의 위치를 갖게 된다. 우리의 노력은 정해진 '가치'와 '절대성'을 향하게 된다. 그러나 의미가 박탈된 세계에서 인간은 무의미를 잊기 위한 향락에 몰두한다. 그들은 해골이 그들의 무도회를 내려다보고 있는 것을 안다. 향락이 무의미를 해소시킬 수는 없지만 무의미 속에 처한 자신의 상황을 잊게 할 수는 있다. 우리는 향락에 잠겨 자신의 무의미를 잊으려 한다. 비트겐슈타인이 보여 준 것은 이러한 세계이다.

::::::::::::: 패턴으로서의 철학사

역사적 견지에서가 아닌 구조적 견지에서의 인식론은 먼저 관념론과 경험론으로 나뉜다. 관념론은 실재론적 관념론과 합리론적 관념론으로 나뉘고, 경험론은 유물론적 경험론과 주관관념론 혹은 경험비판론으로 나뉜다. 과거의 철학이 단지 추억만은 아니다. 많은 현재의 철학자들이 플라톤주의자이고, 칸트주의자이다. 현대의 어떤 신학자는 스스로가 토마스주의자임을 명확히 한다. 그러므로 철학사의 성취를 공시적으로 정리할 필요가 있다.

실재론적 관념론은 관념이 실재한다는 것을 철학의 기초로 삼는다. 플라톤이나 아리스토텔레스, 아우구스티누스와 토마스 아퀴나스 등과 대부분의 고대와 중세 철학자들이 여기에 속한다. 이러한 철학적 분파는 당연히 운동보다는 정지, 다자보다는 일자, 현재보다는 과거, 변화보다는 존재를 중시한다.

합리론적 관념론은 관념의 실재 유무에는 관심을 두지 않는다. 이러한 이념은 수학과 과학이 지닌 보편성과 선험적 측면에 관심을 기울이고, 여기에서 얻어지는 관념들이 거기에 대응하는 개념을 가지느냐 그렇지 않느냐에 관심을 기울인다. 이들에게 확신으로 다가온 것은 우리의 정신이 명석판명하게 작동될 경우 이 세계를 지배하는 개념과 그 운동 법칙을 이해할 수 있다는 사실이다. 데카르트와 라이프니츠, 스피노자 등이 여기에 속한다. 이들은 존재 이상으로 존재 간에 맺어지는 관계, 즉 운동에 관심을 기울인다. 세계는 정밀하게 만들어진 시계와 같은 것이고, 인간의 이성은 잘 훈련될 경우 이 시계의 작동 메커니즘을 이해할 수 있는 것이다. 이들은 인간 이성이 개념과 개념간의 연쇄를 이해할 수 있는 선험적 역량을 가지고 있다고 믿는다는 점에서 합리론적 관념론자들이라고 할 수 있다.

유물론적 경험론은 우리의 관념이 사물의 실체substance에 대응하는 우리의 감각 인식으로부터 온 것이라고 생각한다. 로스켈리누스와 오컴과 존 로크 등이 여기에 속하는데 이들은 우리의 지식이 모두 경험으로부터 온다고 말한 점에 있어서 혁명적이었지만, 그 감각적 경험을 유발하는 객관적이고 실체적인 물적 대상이 있다고 생각한 점에서 유물론적이었다. 나중에 받는 버클리로부터의 혹독한 공격은 이 철학의 이러한 유물론적 성격에 기인한다.

칸트는 물적 실체를 가정한다는 점, 그리고 우리의 인식이 경험 없이는 작동될 수 없다고 주장한 점에서는 경험론자였지만, 경험에 작용하는 선험적인 역량이 인간 오성에 내재해 있다고 생각한 점에서, 다시 말해서 내용에 있어서는 경험론적 성취를 수용하고 형식으로는 합리론적 성취를 내세웠다는 점에서 유물론적 경험론과 합리론적 관념론 양쪽에 걸쳐진다. 칸트가 비판적 중재자critical mediator라는 얘기를 듣는 것은 이것이 그 이유이다.

주관관념론은 궁극적으로는 경험비판론에 이른다. 버클리와 흄은 로크적인 경험론의 유물론적 성격을 신랄하게 비판한다. 우리가 알 수 있는 것은 결국 우리의 감각뿐이다. 감각을 넘어서서 존재하며 감각을 유발하는 실체를 가정한다는 것은 모르는 것을 안다고 이야기하는 것과 같다. 우리의 세계는 감각의 세계로 한정되어 있다. 우리가 과학적 법칙이라고 주장하는 것, 우리가 가장 신뢰할 수 있다고 믿는 과학적 인과율조차도 누적된 경험이 불러온 습관의 일반화 이외에 아무것도 아닌 것이다.

결국 현대철학은 주관관념론으로부터 시작된다. 에른스트 마흐나 리하르트 아베나리우스, 프레게, 비트겐슈타인 등의 철학자 모두가 그 본질에 있어 주관관념론자이다. 이들에 의해 과학은 결국 '감각의 관계 지음'이외에 아무것도 아닌 것이 된다. 세계는 매우 협소해진다. 우리 감각의 다발이 세계이다.

이러한 철학적 유파 이외에 생철학자와 실존주의자와 해체주의자들이 철학의 다른 경향과 역할을 대변한다. 생철학자들은 근본적으로 인간의 이성과 감각이 세계를 파악할 수 있다는 가정, 다시 말하면 인간을 지배하는 것은 인식적 요구이며, 인식만이 세계를 이해할 수 있다는 가정을 부인한다. 이들은 인간의 오성은 세계를 이해하기에는 너무 협소하고 딱딱한 것이라고 말한다. 물론 칸트조차도 오성을 감각의 세계에 한정시켜야 한다고 말하지만 생철학자들은 그러한 가정을 '오만한 겸손'이라고 치부한다. 즉, 이성이 스스로를 비판적으로 바라본다는 점에서는 겸손하지만, 생명과 삶과 우주의 본질에 대한 추구 없이도 살아갈 수 있다고 가정하는 점에서는 오만하다는 것이다.

이들은 태초에 생명의 흐름을 만들었던 그 의지will, 혹은 생명의 약동élan vital 속에 몸을 담그라고 말한다. 우리의 지성은 그러한 생명을 느낄 수 없다. 왜냐하면 그것은 생명이 스스로의 존재와 번성을 위해 만들어 낸 한갓 수단이며 방출물이기 때문이다. 결과는 원인을 내포할 수 없다. 우리 오성은 생명현상의 결과이다. 생명현상 그 자체의 포착만이 우리 자신에 대한 이해를 가능하게 한다.

이러한 점에 있어 그들은 반주지주의적이며 존재론적일 수밖에 없다. 주관관념론자들에 의해 버림받은 존재론은 생철학자들을 통해 구원된다. 생철학은 그 이후에 문화의 여러 분야에 급격히 그 영향력을 확대한다. 쇼펜하우어, 니체, 베르그송과 화이트헤드는 예술에 있어 인상주의와 표현주의, 20세기 포스트모더니즘의 이념적 배경을 이루게 된다. 스스로의 존재, 삶의 의의, 우주의 본질에 무관심하기는 정말 힘들기 때문이다. 인간은 그렇게까지 '오만'할 수 없다.

실존주의 역시도 이러한 흐름 아래에 있지만, 실존주의자들은 인식론이 가정하는 세계로부터 오는 무의미와 덧없음에 더욱 좌절하는 사람들이다. 실존주의는 경험비판론의 존재론적 카운터파트counterpart 이다. 이들은 우리가 '새장'에 갇혀 있는 상황에서 우리의 인생관과 의미는 어떻게 되어야 하는가를 탐구한다. 이러한 점에서 실존주의는 그리스 비극 작가들이 부딪혔고, 스토아주의자들이 포기한 바로 그 시점에 놓이게 된다.

이러한 존재론에 대해서는 『플라톤에서 데리다까지−존재론적 탐구』편에서 자세히 이야기될 것이다. 거기에서는 최초의 본격적인 존재론과 20세기의 존재론의 양상이 탐구된다.

편집자 주: 존재론에 대해서는 저자의 또 다른 저술인 《아포리즘 철학》에서 다루었다.

from Plato to Wittgenstein

; A epistemological interpretation

플라톤에서
비트겐슈타인까지

서양철학사 인식론적 해명

개정판 1쇄 펴냄 2019년 2월 15일

지은이 조중걸
펴낸이 정현순
편 집 오승원
디자인 이용희
인 쇄 ㈜한산프린팅

펴낸곳 ㈜북핀
등 록 제2016-000041호(2016. 6. 3)
주 소 서울시 광진구 천호대로 572, 5층 505호
전 화 070-4242-0525 / **팩스** 02-6969-9737

ISBN 979-11-87616-58-0 03160
값 12,000원